# 格物致知

中华优秀传统文化大众化系列读物

海外版

山东省委宣传部·组编
郭晓霞·编著

北京大学出版社

图书在版编目(CIP)数据

格物致知 / 郭晓霞编著—北京：北京大学出版社，2017.6
（中华优秀传统文化大众化系列读物：海外版）
ISBN 978-7-301-28341-7

Ⅰ.①格… Ⅱ.①郭… Ⅲ.①中华文化—通俗读物 Ⅳ.①K203-49

中国版本图书馆CIP数据核字(2017)第115337号

| | |
|---|---|
| 书　　　名 | 格物致知<br>GE WU ZHI ZHI |
| 著作责任者 | 郭晓霞　编著 |
| 责 任 编 辑 | 唐娟华 |
| 标 准 书 号 | ISBN 978-7-301-28341-7 |
| 出 版 发 行 | 北京大学出版社 |
| 地　　　址 | 北京市海淀区成府路 205 号　100871 |
| 网　　　址 | http://www.pup.cn　　新浪微博：@北京大学出版社 |
| 电 子 信 箱 | zpup@pup.cn |
| 电　　　话 | 邮购部 62752015　发行部 62750672　编辑部 62767349 |
| 印 刷 者 | 北京大学印刷厂 |
| 经 销 者 | 新华书店<br>720 毫米×1020 毫米　16 开本　13.25 印张　166 千字<br>2017 年 6 月第1版　2017 年 11 月第 2 次印刷 |
| 定　　　价 | 98.00 元 |

未经许可，不得以任何方式复制或抄袭本书之部分或全部内容。
**版权所有，侵权必究**
举报电话：010-62752024　电子信箱：fd@pup.pku.edu.cn
图书如有印装质量问题，请与出版部联系，电话：010-62756370

# 目 录
CONTENTS

绪 言 　　　　　　　　　　　　　　　　1

## 第一章 科学技术

第一节　仰观天文　　　　　　　　　3
第二节　俯察地理　　　　　　　　　12
第三节　冶铁炼钢　　　　　　　　　23
第四节　烧陶制瓷　　　　　　　　　30
第五节　工匠营造　　　　　　　　　37
第六节　四大发明　　　　　　　　　40
第七节　造文作字　　　　　　　　　51

## 第二章 经济贸易

第一节　刀布交子　　　　　　　　　63
第二节　商圣范蠡　　　　　　　　　69
第三节　盐宗管仲　　　　　　　　　74
第四节　关市外贸　　　　　　　　　79

## 第三章 交通通信

| 第一节 击鼓传声 | 91 |
| --- | --- |
| 第二节 烽燧狼烟 | 94 |
| 第三节 鱼雁传书 | 98 |
| 第四节 邮驿通信 | 103 |
| 第五节 灵渠运河 | 109 |

## 第四章 医药卫生

| 第一节 原始医药 | 116 |
| --- | --- |
| 第二节 医祖扁鹊和医典《黄帝内经》 | 120 |
| 第三节 神医华佗和医圣张仲景 | 125 |
| 第四节 药王孙思邈 | 131 |
| 第五节 李时珍与《本草纲目》 | 135 |
| 第六节 中医药与青蒿素 | 140 |

## 第五章 康乐文娱

| 第一节 导引养生 | 146 |
| --- | --- |
| 第二节 南拳北腿 | 159 |
| 第三节 琴棋书画 | 170 |
| 第四节 西皮二黄 | 186 |

| 参考文献 | 198 |
| --- | --- |

# 绪 言
## FOREWORD

中国是世界上最古老的文明发源地之一。她地处亚洲的东部，太平洋的西岸，领土辽阔，人口众多。黄河长江两条母亲河，哺育着华夏民族。

炎黄子孙繁衍生息的这块土地有着特殊的地理环境：北面是寒冷的西伯利亚荒原，东面南面是浩瀚的大海，西部是阿尔泰山、喀喇昆仑山以及沙漠、戈壁，西南是喜马拉雅山。沧海大洋与高山大漠形成了一个相对封闭的地理环境。中国先民在这个封闭的地理环境中独自创造了辉煌的文明，而且这个古老的文明延续几千年一直没有中断，是世界文明史上罕见的奇迹。

华夏民族的远古历史可以追溯到约公元前3000年黄河流域的姬姓黄帝部落和姜姓炎帝部落，中国人常称自己为炎黄子孙即源于此。在初期的部落联盟中产生了像尧、舜这样杰出的军事领袖，舜让位于禹之后，禹建立了中国历史上第一个王朝——夏朝。此后夏朝、商朝、周朝，朝代更迭。公元前221年，地处中国西部的秦国国王嬴政征服了当时的列国，废分封，设郡县，开辟了中国长达2000多年的中央高度集权制的封建专制政治格局。自称始皇帝的秦嬴政统一货币、度量衡、文字，为统一的中华帝国奠定了基础。日后2000多年的历史上，正是这种皇权政治保证了在大部分时间里中国版图的统一、中国经济和科学文化的稳定发展。建立的全国大体统一的封建王朝有：汉朝、晋朝、隋朝、唐朝、宋朝、元朝、明朝和清朝。在极大的时间尺度上中国政治的相对稳定性，使中国科学技术、经济贸易、交通通信以及医药卫生不断进步，从未间断。公元8世纪，中国步入了历史上极为辉煌的盛唐时期。随后的宋朝，中国的科学技术更是达到了世界的高峰。

"中国是发明的国度"，当今西方科技史家如此高度赞誉。他们认为，15世纪之前中国科学技术遥遥领先于世界，对欧洲社会产生过"震天撼地的影响"，为人类文明做出了巨大贡献。当今行世的许多科学和技术的始祖、源头、根基皆发祥于古代中国。

中国历代都是以农立国。发展农业生产离不开历法的制定。华夏先民很早就注重天象观测，为农业生产和日常生活服务。农业离不开水利，加上陆路交通的需要，古人对地理也比较重视。漫漫几千年，中国历史上闪耀着极其强烈的科技灵光，涌现出众多的科技人才，在天文学、地理学、算学几个领域积累下许多宝贵的遗产。尤其是"四大发明"的出现，不仅推动了中国历史、文化、经济等方面的发展，而且对整个世界近代文明和科学的发展做出了突出的贡献。而具有"中国的第五大发明"之称、世界上唯一活着的中国汉字，更是以其博大精深、意蕴丰富而饮誉世界。

中国是世界上医药文化发端最早的国家之一。有文字可考的

5000年医学史，科学的整体健康观念，丰富的自然治疗手段，全面的身心保健康复……所有这一切，不仅体现着中国传统医学的民族特质，而且也与现代健康理念相吻合。涌现出的众多名医和古典医籍，在同时期的世界范围内也不多见，值得称道。

经济作为人类社会生活的主要内容之一，古代中国人以对历史经济脉搏的准确把握，审时度势，创造了高度发达的经济繁荣。北宋"交子"的产生，使中国成了世界上公认的纸币的故乡；陶朱公范蠡，不但发明了"秤"，更以其经济管理智慧创造了陶朱事业；管仲的盐铁专卖思想影响深远，成为春秋以后长达2000余年的中国食盐专卖制度的滥觞。发达的汉唐经济，使中国一度成为世界经济文化中心，而悠远绵长的丝绸之路，更是开启了世界性贸易的先河。

回顾人类社会文明的进程，交通通信发展的轨迹同时历历在目。远古时期，中华先祖创造了信息传递的初期形式。随着社会生产力的发展，传递信息的方式方法也随之进步，古人利用声音、火光、书信、驿使、水路等方式来传递信息。千百年来，那驿路上往来奔腾的炬火和飞铃，以及种种浪漫故事和神异传说，点染着中国文化史长卷，使得画面更为生动多彩。

浸染于千百年来中华传统文化和审美习惯中，古代中国人很自然地寻找艺术情感的精神追求，他们在追求生命长度的同时，也不断地追求提高生命的质量。因此，展现给我们的正是那色彩斑斓和千姿百态的康乐文娱思想。中国养生、武术、四大古典艺术以及中国戏曲，被视为"国粹"，成为最能体现绚丽多彩的中国文化的代表。

　　由于地理上的相对隔绝、政治上的相对独立稳定，古代中国人走着自己独特的发展道路，并在科学技术、经济贸易、交通通信、医药卫生等方面的许多领域处于领先地位，许多发明创造传播到世界其他地区，推动了社会的进步，为人类文明的进步做出了重大贡献。

# 第一章 科学技术

科技是人类文化的重要组成部分，是人类在认识、改造自然界时所取得的成果，它表现为自然科学、技术、知识等精神文化以及由此创造出来的工具、房屋、器皿、机械等物质文化。科技文化对人类发展和进步的推动力是其他文化类型无可比拟的。中国古代科技文化在15世纪以前一直处于世界领先地位，是世界科技文化发展史上辉煌灿烂的一页。经天纬地、冶铁炼钢、烧陶制瓷、四大发明、造文作字……漫漫几千年，中国历史上闪耀着极其强烈的科技灵光，涌现出众多的科技人才，在天文、地理、水利、冶铁、陶瓷这些中国最古老、最实用的领域里，遍地开花……

# 第一节 仰观天文

天六地五,数之常也。经之以天,纬之以地。

——《国语·周语》

仰以观于天文,俯以察于地理。 ——《易经·系辞》

晴朗的夜空是美丽的。在广漠的天穹上,千万颗星星闪烁,河汉纵横,明月圆缺,偶见流星划破夜幕流坠天际。星空的炫丽、幽邃与神秘,吸引着人们好奇的目光,凝聚着人们探秘的思索。我们仰望星空,会发现月球上的那些影影绰绰的环形山,这些环形山有4座是以中国古代天文学家的名字命名的,他们是战国的石申、东汉的张衡、南朝的祖冲之和元代的郭守敬。

## 一 甘德石申

战国时期,齐国的甘德和魏国的石申是两位最为突出的天文学家。当时,在他们生活的年代,根本没有观测星空的精密仪器,他们仅靠肉眼,一直长期坚持对星空的细致观察,寒来暑往,最后终于取得了重要的天文发现。

石申最早观察到金、木、水、火、土五颗行星并分别给它们命了名。他最感兴趣的是木星,他还发现了木星的卫星。甘德不但记录了金、木、水、火、土五颗行星的运行情况及规律,还发现了火星、金星的逆行现象。他们把观测记录的数据做了详细记录,形成了石申的《天文》和甘德的《星占》,被后人结合起来称为《甘石星经》。

《甘石星经》是世界上最早的天文学著作，书中记录了800多颗恒星的名字，还提到了日食、月食、日珥、太阳黑子等现象。《甘石星经》中的恒星表是世界上最早的恒星表，比欧洲第一个恒星表——希腊伊巴谷的星表早约200年。后世天文学家在测量星体的位置及其运动时，大都要参照《甘石星经》中的数据。

为纪念石申的功绩，国际月面地名命名委员会把月球背面的一座环形山命名为"石申环形山"。

## 二 "科圣"张衡

张衡

张衡（78—139），生于南阳郡西鄂县石桥镇（今河南南阳），是东汉时期著名的天文学家、数学家、文学家以及艺术家。他精通天文历法，观察并记录了2500多颗恒星；制作了世界上最早利用水力转动的浑天仪、世界上第一架地震仪——地动仪，以及候风仪、指南车等多项器具。张衡为中国天文学、机械技术、地震学的发展做出了杰出的贡献，被后人誉为"科圣"。

儿时的张衡天资聪明，诚恳谦虚，特别喜欢思考问题。他对自然界中的万事万物都充满了兴趣。少年时期，由于父亲的早逝，家里的生活十分清苦。但是贫困的生活，不仅没有影响他的求知欲望，反而更加激励他刻苦忘我地学习。他阅读了大量的书籍，积累了丰富的知识，文章也写得很出色。34岁那年，皇帝就召他进京做官，主要负责观察天象、记录灾情的工作。

从此，张衡常常仰望星空，观察星空的变化。张衡把书本知

浑天仪

识以及观察到的材料,进行分析研究,并将研究的心得写成了一本书,叫作《灵宪》。

张衡根据《灵宪》的理论,开始设计、制造仪器了。

公元117年,张衡发明了世界上第一台天文仪器——浑天仪。它有南北两极,刻有赤道、黄道、二十四节气等,与现代的天文仪器的科学模型十分接近。而且在张衡所造的浑天仪上,可以清晰地看到太空中的星象。

在张衡所处的东汉时代,各种自然灾害频繁地发生,地震带来的灾难尤为严重。这引起了张衡的思考。他想,能不能制造一种在地震发生后准确测定其方位的仪器呢?定下目标以后,他查阅了大量关于地震的资料,并且多次实地勘测。有一次,他把测震仪插入大地,刚要读取数据,一波剧烈的余震袭来,离他不远处的一道土墙轰然坍塌。幸亏他眼疾手快，往旁边一跳，才躲过一劫。他拍拍身上的灰土，继续观察仪器上的数据。远处的老百姓十分不理解他的做法，认为他简直是疯了。但张衡不为所动，仍然夜以继日地研究。

公元132年，张衡经过努力钻研，终于又发明创造了世界上第一台能预报地震的仪器——候风地动仪。这台地动仪，整体结构是用青铜制成，形状像个酒坛子，四周铸着八条龙，每条龙口里含着一个小铜球，每个龙头下面都蹲着一只张着大嘴的铜蛤蟆。只要哪一条龙口中的铜球吐了出来，就预示着那个方向发生地震了。

公元138年2月的一天，地动仪上正对着西方的龙突然张开嘴，吐出了铜球。张衡知道，一定是西方发生了地震！他急忙向朝廷禀告。官员们议论纷纷，都说张衡的地动仪是骗人的，张衡并没有反驳。

候风地动仪

过了几天，信使飞马来报，在离洛阳500多千米的金城、陇西一带发生了大地震，连山上的大石头都崩塌下来了。大家一算，那正是铜球落到蛤蟆嘴里的那天,大家这才信服了张衡和他的地动仪。

张衡在科学上的创造发明是伟大的,他让科技造福了生命。人们为了纪念张衡的功绩,联合国天文组织将月球背面的一个环形山命名为"张衡环形山",太阳系中的1802号小行星命名为"张衡星"。

## 三 祖冲之

祖冲之(429—500),祖籍范阳郡遒县(今河北涞水),南北朝时期人,是中国杰出的数学家、科学家。为了纪念这位伟大的古代科学家,中国科学院紫金山天文台将国际编号为1888的小行星命名为"祖冲之星";1967年,国际天文学家联合会又把月亮背面发现的一组环形山命名为"祖冲之环形山"。

祖冲之

祖家世代掌管历法,祖冲之从小就受到良好的家庭教育,对于自然科学、文学和哲学他都很感兴趣。尤其是天文、数学和机械制造方面,他下了许多苦功夫去研究,早在青年时代,就有了"博学"的名气。

祖冲之一生刻苦钻研科学技术,获得了重大成就。

462年,祖冲之将《大明历》送给当时的官府,希望能代替当时采用的旧历,将之作为新历颁行。但宋孝武帝根本不懂历法,就命令他的宠臣——懂得天文历法的戴法兴出面和祖冲之辩论。戴法兴是一个保守主义者,他在辩论中提出许多非难的意见,企图把祖冲之驳倒,不改行新历,可是都被祖冲之用事实一一驳回。祖冲之当时只是一个官位很低的小官吏,却敢于对戴法兴这样的权贵进行义正词严的批驳,不迷信传统学说,坚持自己的新主张和看法,这种无畏的精神是最可贵的。辩论到最后,双方都不肯让步。在场的多数大臣都认为祖冲之是正确的,但惧怕戴法兴的权势,所以不敢出面支持。其中一个叫巢尚之的大臣,也是皇帝的亲信,他举出了不少事实说明了《大明历》优于旧历。宋孝武帝通过双方的辩论也知道了《大明历》的优点,于是决定在465年改用新历。这场辩论也成为中国历法史上著名的论战之一。

后来齐高帝辅政,就命祖冲之研究古法,想办法重新制造一部指南车。祖冲之经过潜心钻研,改用铜为原料制造指南车。这辆铜制的指南车不管怎么转动,都始终指向一个方向——南方,这是一项少有的高超技术。

至今,我们也不得而知,在1600多年前的南北朝战乱时期,祖冲之是出于什么原因要去推算圆周率。总之,为了求得一个统一的周长,祖冲之推着自家的独轮车,在不同的亭子间来回往复、丈量。最终,一个精准的数字3.1415926问世。此后的1100年无人超越。直到15世纪初,阿拉伯数学家卡西才将这一数字推算到小数点后15位。

今天,祖冲之的车辙碾过的地方,也都还叫着上车亭、下车亭、东车亭、西车亭。2007年,在祖冲之的老家——涞水县的下车亭村,祖冲之的后人用7年的苦心钻研,成功地制作出久已失传的指南车,车上的木人永远指向南方。他们用这样的方式,向自己的祖辈致敬,也向一种脚踏实地、永不疲倦的科学精神致敬……

## 四 刘徽

今天,圆周率正在世界的每一个角落起着重要的作用。而在中国数学史上,与圆周率密切相关的还有一个伟大的创见和发明——割圆术,它是由魏晋时期杰出的数学家刘徽最早创立的。

刘徽(约225—295),淄乡(今山东邹平)人,中国古典数学理论的奠基人和代表人物。他的杰作《九章算术注》和《海岛算经》,是中国最宝贵的数学遗产。其杰出贡献首推他在《九章算术注》中创立的割圆术,为圆周率研究工作奠定了理论基础,并提出了科学的技术方法。

刘徽思想敏捷,方法灵活,他既提倡推理又主张直观,是中国最早明确主张用逻辑推理的方式来论证数学命题的人。刘徽的一生是为数学刻苦探求的一生,他为了圆周率的计算一直潜心钻研、孜孜以求。一次,刘徽看到石匠在加工石头,觉得很有趣就仔细观察了起来。"哇!原本一块方石,经石匠师傅凿去四角,就变成了八角形的石头。再去八个角,又变成了十六边形。"一斧一斧地凿下去,一块方形石料就被加工成了一根光滑的圆柱。谁会想到,在一般人看来非常普通的事情,却触发了刘徽智慧的火花。他想:"石匠加工石料的方法,可不可以用在圆周率的研究上呢?"于是,刘徽采用这个方法,把圆逐渐分割下去,一试果然有效。于是,他发明了亘古未有的"割圆术"。沿着割圆术的思路,他最终推算出更精确的圆周率值 π=3.1416。

有了割圆术,也就有了计算圆周率的理论和方法。π值是否正确,直接关系到天文历法、度量衡、水利工程和土木建筑等方面的应用,所以精确计算π值,在理论上和实践上都有重要意义。刘徽提出的割圆术,奠定了此后千余年来中国圆周率计算在世界上的领先地位。祖冲之将圆周率推算到小数点后第七位,正是得益于此。

## 五 郭守敬

郭守敬(1231—1316),字若思,邢州(今河北邢台)人,著名的天文学家、数学家、水利专家和仪器制造专家。

郭守敬自幼便受到良好的科学熏陶。他祖父郭荣学识渊博，不但通晓经书，对数学、天文、水利等都有研究。在祖父的影响下，他对科学发生了浓厚的兴趣，深邃奥妙的天空被爷爷指点得清晰而明白。15岁时，郭守敬就根据古书中的浑仪图画，模仿制作并观测天象。在同伴们面朝黄土背朝天时，郭守敬早已把眼光投向了更为广阔的天空。16岁时，郭荣将他送到紫金山书院，拜刘秉忠为师，潜心学习数学、地理和水利，开始了自己洞天察地的学业。

元世祖忽必烈统一北方后，为了发展农业生产，决定整治水利，征求这方面的人才。张文谦把郭守敬推荐给忽必烈，忽必烈很快就召见了郭守敬。郭守敬对北方水利情况十分熟悉，当时就提出六条整治水利的措施。忽必烈听了十分满意，每听完一条，就点头赞许。最后，他很感慨地说："让这样的人去办事，才不会是摆空架子吃闲饭的呢。"

郭守敬不但治水，还对天文历法等方面的工作投入了巨大的心血。

元初，历法混乱，多误农时。1276年，忽必烈诏令46岁的郭守敬制定新的历法。郭守敬指出，要正确地制定历法就需要仔细观测天象，而观测必须依靠仪表。他首先集中精力，投入天文仪器、仪表的创制工作。郭守敬先后创制了简仪、高表、景符、仰仪、候极仪等十多件观测天

简仪

高表

方日晷

象的仪器，又创造了玲珑仪、灵台水浑等能够表演天象的仪器，并且在大都的城东，设计建造了当时世界上设备最完善的天文台"灵台"。

  1279年，郭守敬组织了历史上规模空前的观测活动，他在全国设了27个观测点，选派了14个监候官员分别到各地进行观测。他也亲自带人到几个重要的观测点去观测。郭守敬根据大量数据，花了两年的时间，编出了一部新的历法，叫《授时历》。《授时历》确定每年为365.2425天，比地球绕太阳转一周的实际时间只差26秒，与现在世界上通用的公历"格利哥里历"周期相同，但格利哥里历比《授时历》晚了整整300年。《授时历》是中国古代最优秀的一部历法，也是中国古代颁用时间最长的一部历法。

  为纪念郭守敬的卓越贡献，1977年，中国科学院紫金山天文台把一颗国际编号为2012号的小行星，命名为"郭守敬星"；1981年，国际天文学会再次将月球背面西经134度、北纬8度的一座环形山命名为"郭守敬环形山"。

  蔚蓝苍穹，对着满天星斗，所有的人都只能采取一个姿势：仰望。今天，当我们再次仰望天空，望着月球上那影影绰绰的环形山，不由地感佩，这些生长于中国古老大地的科技大师，他们的智慧、灵性、贡献，穿越千年，依然影响后世，幽光深远。

## 第二节　俯察地理

漫漫上下几千年，中华民族历经了自然造成的各种灾难，地震、水灾、旱灾频繁，但是，都没有使华夏先人放弃这块生存的土地，华夏民族在这里创造了世界上少有的、高度发达的农业文明。

郭守敬的地动仪、祖冲之的指南车，都是俯察地理、改善生存状态的发明贡献。其实，早在原始社会时期，古人在渔猎、采集、建筑等活动中就萌生了地理概念，初步积累了对居住地附近的地形、岩石、河流等地理要素的认识，并形成了地理方位概念。

殷商时期，随着最原始的文字甲骨文的出现，古人对地理的发现得以用文字的方式记录下来。在这一时期，已经出现了"南""北"等文字。周代，人们对于地理更加重视，出现了司徒、司马等官职。

《尚书·禹贡》中首次提出"九州"这个概念。这篇《禹贡》以地理为径，分当时天下为九州，记录各地行政、山脉、河流、土壤、田地、物产、交通、民俗等，被认为是中国古代文献中最古老、最系统的地理文献。

西晋时，裴秀主持绘制了中国迄今为止最早的地图集——《禹贡地域图》。汉代时，史学家班固首次将阐述疆域地理知识的地理志编入正史之中。此外，汉代帛书地图是中国现存最早的地图，该土地采用固定的比例尺，代表了当时的最高水平。

唐代是中国历史上经济、文化等方面大繁荣的鼎盛时期之一，随着国内外交流愈加紧密，人们对地理的认识也从本国扩展到周边国家。贾耽的奇图《海内华夷图》问世、玄奘西行印度、鉴真东渡日本等为古代中国地理的发展做出了贡献。明代，郑和带领船队下西洋，不仅是中国航海史上的壮举，更是一次伟大的地理大发现。

几千年来，古代中国人对自然环境和地理环境的了解、观察和记录，并且这种从自身处境出发，改变生存状态的探索，始终不消不懈……

## 一　早期地理书《山海经》

提起《山海经》，大家肯定想起它里面的神话故事和民间传说，比如嫦娥奔月、夸父追日、女娲补天、精卫填海、大禹治水，都表现出极其丰富的想象力。在古代文化、科技和交通不发

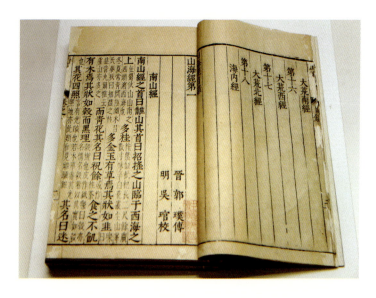

《山海经》

达的情况下，《山海经》是一部早期地理书，是研究中国古代自然地理的宝贵资料。

《山海经》共18篇，主要分为《山经》《海经》，因此得名《山海经》。全书记载了约40个邦国，550座山，300条水道，100多位历史人物，400多个神怪奇兽。在《山海经》的神话中，不仅可以看到巫师的活动，也可以看到古代民族的信仰、崇拜等。《山海经》中，存在着大量的神奇动物的记载，这些动物主要包括鸟、兽、龙、蛇之类，它们往往具有神奇的力量。

据传，在《南山经》中说到，古代有一座柢山，山间多水，不生长草木。有一种鱼，名叫鯥鱼，它的形状像牛，尾巴像蛇，月夜下长着翅膀居住在山坡上。它发出的声音像是拉耕犁的牛。这种鱼冬天蛰伏，毫无生气，像睡着了一般，到了夏天它又复苏过来。吃了它，可以不生痈疽肿毒。更神奇的是，在青丘山的即翼湖中有种赤鱬鱼，身体像鱼，却长着人的面孔，声音像是鸳鸯的叫声，吃了这种鱼，可以不长疥疮。

从现在的角度来看，《山海经》确实是一本荒诞至极的古书。但是其中所蕴含的却是无形的文化遗产。据说，有人利用《山海经》中丰富的河道资料，将《北山经》中注入河水下游的支流一条一条梳理，并加以排比，考证出一条最古老的黄河故道。

《山海经》里还记载了矿产资源分布和矿物种类。撰写《中国科学技术史》的英国学者李约瑟说："《山海经》是一个名副其实的宝库，我们可以从中得到许多古人是怎样认识矿物和药物之类物质的知识。"

总之，《山海经》无奇不有，无所不包，书中蕴藏着丰富的地理学、神话学、民俗学、科学史、宗教学、民族学、医学等学科的宝贵资料，它大量有序地记载了当时中国的自然地理及人文地理，无疑是一部早期地理书。

## 二 "宇宙未有之奇书"《水经注》

水患，是人类面临的永恒灾难之一。摸清水流的分布、走向，更好地利用水、改造水，就成了历代水文学家毕生追寻的方向。1500多年前的北魏，家住河北涿鹿的郦道元也开始了自己与水同行的生命之旅。

郦道元（？—527），字善长，范阳涿鹿（今河北涿州）人，北魏有名的地理学家、散文家。

郦道元少年时就爱好旅游，他喜欢游览祖国的河流山川，尤其喜欢研究各地的水文地理、自然风貌。他一生足迹遍及今河北、河南、山东、内蒙等地。每到一处，他都要悉心勘察水流地势，了解古今水道的变迁情况，并大量阅读古代地理学著作，通过古今对照，发现变化。

郦道元不满足前人对水流的描述，开始为三国桑钦撰写的《水经》作注。他利用自己掌握的丰富的第一手资料，在《水经》的基础上加以完善和整理，完成了举世无双的地理名著——《水经注》。这是中国6世纪的一部地理百科全书，也是中国最早、最系统的地理学巨著。清初学者刘献廷称《水经注》为"片语只字，妙绝古今，诚宇宙未

郦道元

# 格物致知

竹简《水经注》

有之奇书"。

《水经注》共四十卷。书中记录河流1252条，所引河流多达5000条以上，对地形、水文、气候、土壤、矿藏、农业、水利、地理沿革、历史故事、碑刻题记等，旁征博引，详加考证，记录湖沼500余处，井泉200眼，瀑布60余处，山岳地名2000余处，城邑2800座，坞聚1000余处，古都180座，陵墓240座，300余次战役，20余种化学金属及矿物，动植物240余种，水灾30余次，地震20余次，引用书籍多达437种。

除了地理学的成就以外，《水经注》在文学、历史学、民族学、考古学、碑版学以及语言学等方面都有突出的贡献。《水经注》重大的研究价值使后代形成了一门专门的学问——"郦学"。"郦学"不仅在中国国内不断发展，国外也出现了一些著名的"郦学"专家。

## 三 奇图《禹贡地域图》

如果说郦道元的《水经注》是一部"奇书"，那么西晋时期裴秀的《禹贡地域图》就是一幅"奇图"。

西晋时，中国出现了一位著名的地理学家、制图理论家裴秀，李约瑟称他为"中国科学制图学之父"，与欧洲古希腊著名地图学家托勒密齐名，是世界古代地图学史上东西辉映的两颗璀璨明星。

裴秀（223—271），字季彦，河东闻喜（今山西闻喜）人。裴秀是西晋时期的一位大臣，从小就知道勤奋学习，他谈吐优雅，虚心有礼，所以青少年时代就受到社会知名人士的赞赏。后来，裴秀任司空，成为最高军政负责人之一，并兼任地官。地官主要负责管理全国户籍、土地、田亩赋税和地图等事务，可以接触到不少的地理和地图资料。

出于政治和军事需要，裴秀立意制作新图。他领导和组织编制成《禹贡地域图》18篇，这是中国和全世界见于文字记载的最早的历史地图集。

裴秀第一次明确建立了中国古代地图的绘制理论。他总结了中国古代地图绘制的经验，在《禹贡地域图》序中提出了著名的具有划时代意义的制图理论——"制图六体"。

这些制图原则，是绘制平面地图的基本科学理论，为编制地图奠定了科学基础，它一直影响着清代以前中国传统的制图学，在中国地图学的发展史上具有划时代的意义，在世界地图学史上占有重要地位。

## 四　巨图《海内华夷图》

西晋裴秀的《禹贡地域图》是一部"奇图"，唐代贾耽献给唐德宗的则是一幅空前未有的"巨图"——《海内华夷图》。

贾耽（730—805），沧州南皮（今属河北）人。唐朝著名的政治家、地理学家。

贾耽非常喜爱读书，尤其爱好地理学，从唐玄宗到唐顺宗，经历了5位皇帝，当了13年宰相。凡是有人出使到周边国家或周边国家使者到唐朝来，他都要亲自接谈，详细了解该国的山川地理。

当时的唐代经济繁荣、疆域辽阔,为了把唐代统一强大的面貌表现出来,贾耽决定绘制地图。为了绘制此图,他花了30多年的时间阅读文献、调查采访、认真选取资料,又用了17年组织画工进行绘制。公元801年,贾耽终于献出了一件当时中国和世界地图制图史上空前未有的绝活——《海内华夷图》。

《海内华夷图》,图宽3丈,高3丈3尺,图中内容十分翔实。除了绘有国内及边疆地区的山川、政区形势外,对域外许多国家和地区的名称、方位、山川等内容也有记载,可以说是小范围的亚洲形势图。图中还采用统一的比例尺,按一寸代表一百里的比例绘制,图形轮廓也比较准确。另外,这幅图古今对照,同一个地方,古代称呼用墨色标注,当代称谓用红色标注,开创了中国沿革地图的先例。

《海内华夷图》的问世,使裴秀首创的"制图六体"在濒临失传的紧要时刻,被贾耽继承下来,对后世的地图制作产生了深远影响。贾耽成为继裴秀之后中国地图史上又一位划时代的人物。他主持绘制的《海内华夷图》以其独特长度,展现了唐代的制图水平,达到了新的高峰,是中国地图史上一颗绚丽的瑰宝。

### 五 "千古奇书"《徐霞客游记》

徐霞客(1587-1641),名弘祖,字振之,号霞客,江阴(今属江苏)人。明朝末期地理学家、探险家、旅行家和文学家。

徐霞客幼年好学,喜爱读历史、地理和探险、游记之类的书籍。这些书籍使他从小就热爱祖国的壮丽河山,因此他立志要遍游名山大川。22岁那年,他头戴母亲为他缝制的远游冠,肩挑简单行李就离开了家乡。因见明末政治黑暗,他不愿入仕,便专心从事旅行。30多年的时间,他游历了16个省,东到普陀山,西到腾冲,南到南宁,北至蓟县盘山,都留下了他的足迹。

徐霞客旅途中备尝艰险,风雨作伴、野果充饥、清泉解渴,甚至还3次遇到强盗,多次遭到生命危险,但都没有改变他游遍神州的决心和壮举。

有一次,他到湖南茶陵云嶂山,听说山中古木参天,还有一座古寺,景色幽美。但因为山中有老虎吃过和尚,现在已经荒无人迹了。村民劝他不要去送死。他却连夜进山,与几个带路山民,拿起器械,打着火把,冒着滂沱大雨,走了10多里,终于找到那座古庙,完成了考察。

徐霞客

还有一次,他准备游览湖南茶陵麻叶洞时,当地老百姓告诉他洞里有神龙虎怪,从来没人敢进去。徐霞客向来喜欢搜寻奇险美景,于是决定做麻叶洞的第一个探索者。他出高价找到一个向导,可是临到洞口,向导听说徐霞客是个读书人,并不懂法术,吓得转身逃走了。徐霞客只得与仆人擎着火把钻进洞里。原来洞底有许多奇形怪状的石头,有的像楼台亭阁,有的像倒挂的莲花,有的像倒立的梁柱,还有的像飞舞的禽鸟,都焕发出异样的色彩。直到火把快烧光,他们才依依不舍地走出山洞,洞口围观着几十个村民,还以为他们被妖怪吃了呢。徐霞客告诉老百姓,洞里没有妖魔,而是各种各样的石灰岩地形,地理学上对此有个统一名称,叫喀斯特地貌。徐霞客以亲身的实践和科学的道理,解开了当地人心中的疑团。

更可贵的是,徐霞客在跋涉一天之后,无论多么疲劳,无论是露宿街头还是住在破庙,他都坚持把自己考察的收获记录下来。他写下的游记有240多万字,可惜大多失散了,留下来的

60多万字经过后人整理,编成了一本书,这就是著名的《徐霞客游记》。

徐霞客的游历,并不是单纯为了寻奇访胜,更重要的是为了探索大自然的奥秘,寻找大自然的规律。他在中国古代地理学史上做出了超越前人的贡献,而《徐霞客游记》也因具有极高的科学价值和文学价值,被誉为"千古奇书"。

## 六 "农学巨著"《齐民要术》

贾思勰

中国古代以先进的农业文明闻名于世。华夏先祖不但躬身农耕,而且历朝历代都重视对农业问题的研究与技术总结。在中国古代的农学史文献中,《氾胜之书》《齐民要术》《陈旉农书》《王祯农书》和《农政全书》被称为中国古代的五大农书,其中被誉为"农业百科全书"的是贾思勰所著的《齐民要术》。

贾思勰,生活于公元5世纪末到6世纪中叶,益都(今山东省寿光)人,南北朝时期北魏农学家。他所著的《齐民要术》不仅是中国现存的最早、最完整的农学巨著,也是世界农学史上最早的专著之一。

贾思勰出生的年代,正处于鲜卑族与汉族文明融合的时期,孝文帝死后,魏宣武帝宠任奸佞,朝政昏庸,导致经济衰落,社会动荡,民族矛盾激化,战乱频繁。曾做过高阳郡太守(今山东临淄)的贾思勰忧国忧民,决定编著一本总结当时农业生产技术的著作,来帮助统治者巩固政权,帮助平民百姓过上富足的生活。

为了编著《齐民要术》,贾思勰躬行实践、呕心沥血,游历今山东、河北、河南等省考察农业生产,从事农业生产实践,他亲自饲养过牲畜、栽种过粮食。

有一年,贾思勰到了并州(今山西境内),发现那里的芜青长得特别好,块根有碗口粗。他就向当地农民请教栽种方法,农民告诉他,这里的芜青从来都长得这么大,即使是从别的地方取来的种子,一年后,也会长得粗大起来。贾思勰从朝歌(今河南境内)买来大蒜种在并州,发现大蒜都变成了蒜瓣很小的百子蒜,情况和芜青完全相反。贾思勰反复琢磨原因,终于弄明白是因为土壤的质量不同,于是把得出的结论记载到《齐民要术》里。

贾思勰很注重实践经验的总结。有一次,贾思勰养了一群羊,为了让羊多吃草,多长膘,他就开始使劲往羊圈里加草料。谁知道没过多久,羊却一头一头地死了!这是什么原因呢?贾思勰想来想去也找不出原因。后来他请教了有经验的老牧羊人,终于弄清了羊的真正死因,再加上自己的细心观察和大量实践,他最终总结出一整套养羊、剪毛、治疗羊病以及加

《齐民要术》

工羊乳、制取酥酪的方法。贾思勰把这些技巧也记录到了《齐民要术》中。

大约在北魏末年（533—544），贾思勰耗费了数十载的《齐民要术》终于定稿。全书十卷92篇，共11万多字，涉及农、林、牧、副、渔等农业范畴，系统地总结了6世纪以前中国黄河流域的农业科学技术知识，对后世的农业生产有着深远的影响。《齐民要术》，"齐民"是指平民百姓，"要术"指谋生方法。这本"让老百姓过上好日子"的农学名著，今天依然焕发着农业科学技术的光芒。欧美学者称它为"即使在世界范围内也是卓越的、杰出的、系统完整的农业科学理论与实践的巨著"。

## 第三节 冶铁炼钢

2000多年前，沉重而铿锵的夯声传来——那是来自古老东方大地的声音。战国中山人正在夯着细密的黄土，他们要把灵寿夯成一座"国际化"的大都市。上个世纪70年代，一次偶然的考古发现，让被冷落了2000多年的古灵寿城，静静地揭开面纱，袒露出文明的机理。当豪华的车马坑、华美的青铜器、密集的冶铁炉群出现在世人面前，人们被震惊了……

铸铁炉、冶铜炉分布密集、连绵不绝；剑范、戈范、带钩范、镞范、凿范、铲范等铸造铜铁器皿的模具散落叠压；戈、矛、剑、箭簇、铁杖、铁甲等大量兵器层出不穷。考古学家还在一个冶铁的遗址坑内，发现了码放得非常整齐的牛骨。据考证，"牛骨"是中山人在冶铁实践中的惊奇发现——冶铁时把骨头投入铁炉，骨中的磷加入铁水中就会成为磷铁，这种铁能够锻打。

文物是文明的载体，让历史一锤定音。古人先进的冶铁炼钢技术以及辉煌的文明遗存，让我们渴求的目光，有了踏实的着落点。

### 一 块炼铁

中国用铁的历史，可以追溯到3000年前。最早使用的铁是陨铁，陨铁也称为"铁陨石"，是陨石的一种，含铁量非常高，然而陨铁资

铁陨石

源非常稀少，不能广泛使用。后来，人工冶铁技术的产生才使铁的广泛应用成为可能。

春秋战国时期，当时的主流金属材料是青铜。但是青铜无论是作为工具还是武器都存在"脆"的问题，为了找到更好的替代材料，当时的人们开发了早期的冶铁技术——块炼法，这种技术炼出的铁呈块状，而且很软。据记载，《国语》中齐桓公曾提到"美金"和"恶金"，"美金"和"恶金"都是指青铜。被称为"美金"，是因为其硬度大、质量高；被称为"恶金"，是因为其用来铸造剑戟等武器时硬度不足。可见，春秋时期，铁已经出现并被应用。但剑这种兵器还是以青铜材料为主。这个时候，中国历史上出现了第一位冶金铸剑的高手，号称中国古代铸剑鼻祖——欧冶子。

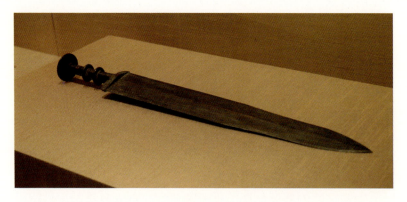

青铜剑

欧冶子（约前514—？），春秋末期到战国初期越国人。欧冶子是历史上另一位铸剑大师干将的岳父，莫邪正是欧冶子的女儿。

欧冶子出生时，正值东周列国纷争。少年时代，他从母舅那里学会了冶金技术，开始冶铸青铜剑和铁锄、铁斧等生产工具。他肯动脑筋，具有非凡的智慧；他身体强健，能吃苦耐劳。欧冶子铸造的一系列赫赫有名的青铜剑，冠绝华夏，在春秋五霸、战国七雄的争霸战争中，显示出无穷威力与摄人心魄的艺术魅力。欧冶子曾为楚王铸了三柄名剑，即龙渊、泰阿、工布。

为了给楚王制造宝剑，欧冶子走遍江南的名山大川，努力寻觅能够出铁英、寒泉和亮石的地方。最后，他来到了龙泉的秦溪山旁，发现在两棵千年松树下面有7口井，排列如北斗，冰冷清冽，实乃上等寒泉。他立即凿池储水，即成剑池，然后在茨山下采得铁英，拿来炼铁铸剑，并以池中的水淬火，铸成剑坯。他又千寻万觅找到坚利的亮石，慢慢磨制宝剑。经过两年时间，终于铸成宝剑。

龙渊，即龙泉剑，因后来为避唐高祖李渊的名讳，改"渊"字为"泉"。龙渊剑铸成，俯视剑身，如登高山而俯瞰深渊，隐约可见潜龙盘卧。这第一把龙渊铁剑，也开创了中国冷兵器之先河。

泰阿，威势之剑。相传此剑早已天成，无影无形，化作剑气游荡于宇宙之中。后被欧冶子凝聚其精气铸成。据《越绝书》记载，为夺楚国镇国之宝"泰阿剑"，晋国出兵伐楚，围困楚都三年。楚国都城快被攻破时，楚王无奈亲自拔剑迎敌，突然剑气激射，飞砂走石，遮天蔽日，似有猛兽咆哮其中。片刻之后，旌旗倒地，流血千里，晋军全军覆没。

工布，霸道之剑。其剑身自然形成犹如流水般的纹理，从剑柄到剑尖连绵不绝。后为秦始皇佩剑。

据说，这些宝剑弯转起来，围在腰间，简直似腰带一般，如果一松，剑身立即弹开，挺拔笔直；若向上空抛一方手帕，宝剑随风化影，手帕即分为二；若斩铜剁铁，宛若削泥去土一般。

## 二 生铁

铁真正得以广泛应用是在生铁冶铸技术出现以后。生铁的最大特点是可铸性强，故又称"铸铁"。有了生铁冶炼技术，铁制工具在生产中的应用就更加广泛了，极大提高了生产效率。从整个世界科技发展角度来看，春秋战国时期的生铁冶炼技术，是世界冶铁史上的一个重大突破，并且在此后的1000多年里一直处于世界领先地位。

《春秋·冶炼》藏石就向我们展现了春秋时期冶炼宝剑的场景。彤彤的炉火熊熊燃烧，照得夜如白昼，紫烟蒸腾。一个粗犷强壮的冶炼师傅手持铁锤，正在对一名掌钳工夹持的物体进行击打，旁边还放着存水的陶器，方便用于冷却淬火。粗犷的人物，清晰的情景，鲜明生动地表现了春秋时期热火朝天的冶炼场景，酣畅淋漓地塑造了古代冶炼工人的形象。这是一幅颇具壮观的秋夜冶炼图，也是劳动人民勤劳智慧的赞歌！

### 三　可锻铸铁

战国时期，随着生产关系的变革，冶铁业迅速发展起来。为了弥补生铁质地硬脆、锤锻易坏的缺点，增加其强度和韧性，智慧的劳动人民又发明了生铁柔化处理技术，炼出了品质更高的可锻铸铁。

从石家庄市庄村出土的两件铁斧，即是经过了柔化处理的白口铁。工匠们采用了当时最先进的铸铁柔化处理技术，让铁的使用范围扩大，让冰冷的铁演变为绕指之柔。

生铁柔化技术大大延长了铁器的使用寿命，推动了铁的广泛使用，从而加快了铁器取代青铜器的步伐。战国中期以后，铁器的使用已遍及当时的七国疆域，农具有犁、锄、铲、镰，手工工具有斧、凿、锥、削等。铁器取代铜、石、木、蚌器，成为主要的生产工具，标志着社会生产力有了划时代的发展，也是战国经济繁荣、百家争鸣的兴盛局面的物质基础。

### 四　炒钢、百炼钢

秦汉时期，中国的冶金技术极为发达。最能体现秦汉时期冶炼技术发展水平的是炒钢、百炼钢等工艺技术。

### (一) 炒钢

炒钢，因在冶炼过程中要不断地搅拌，就像炒菜一样而得名。炒钢技术推动了中国古代铁器的广泛应用，促进了社会生产力的发展，是炼钢史上的一次重大突破。炒钢这一技术处于当时世界领先地位，欧洲人直到18世纪才掌握了此项技术。

中国在西汉早期，就已发明和广泛应用炒钢冶金技术了。徐州狮子山楚王陵考古发现：楚王陵保存着一处完整的西汉楚王武库，库中堆满了各式成捆的实战楚汉兵器，兵器虽历时2000多年，依然锋利无比，轻轻一划，刃锋力透十余层厚纸。

所以，我们可以想象，2000年前的汉朝与西北少数民族匈奴作战时，先进的兵器发挥了巨大的作用。汉军的箭是铜箭头或者铁箭头，而匈奴骑兵的箭都是木料或竹子箭头，很难穿透汉军的皮制盔甲。汉军还有一部分铁制盔甲，匈奴的箭头无法穿透，刀也砍不进去。汉朝的大军穿着铁制铠甲，带着金属箭头的箭、金属机芯的弩，拿着长刀，横行大漠，就好像今天的我们带着一只装甲部队，人人都手持冲锋枪，到大平原上跟一群拿着手枪的对手交火一样。

有这样一个故事充分说明了汉军的武器优势、冶炼技术的先进。

西汉末年，大将军陈汤远征2000多里，擒斩匈奴单于，立下盖世奇功，后来回到长安做官。有一次皇帝问他："前线部队正跟乌孙国的军队打仗，战斗很激烈，我们该不该派兵支援？"陈汤就说："西北少数民族的兵刃朴钝，弓弩也不锋利，武器差距之大，5个胡兵才能抵得上1个汉兵。后来他们虽然向汉朝学习了一些冶炼技术，但是仍有差距，3个胡兵才能抵得上1个汉兵。根据双方兵力推测，这次乌孙的兵力并没有达到汉兵的3倍以上，所以肯定能打赢，不用派援军。"

没过多久，果然战报传来，如陈汤所料。

### （二）百炼钢

东汉时期，在炒钢技术的基础上，人们以炒钢产品为原料，经过反复加热和折叠锻打而制成的钢，叫百炼钢。每"炼"一次，需要挥锤锻打数百下，且烧好几次火。所以要做到"百炼"，需要烧红工件几百次、锻打上万次，制作十分困难。成语中所谓"千锤百炼"便是这样来的。

三国时期，百炼钢工艺已经超越东汉并十分成熟，各国主君对其推崇备至。据记载，曹操邀请天下名工巧匠，用百炼之法为自己及其子孙打造了5柄宝刀，5柄宝刀的铸造时间历时3年，分别以龙、熊、鸟、雀为识，宝刀锋利异常。曹氏三杰均不吝笔墨，大事讴歌。曹操的儿子曹植还专门写下《宝刀赋》，描述宝刀的制作过程，为后人留下了千古名句。

三国时期有位蜀国铁匠名叫蒲元，他以精湛的造刀技艺名满天下，曾经在成都为刘备造刀5000把，上刻"七十二炼"。在长期实践中，蒲元掌握了精湛的钢刀淬火技术，能够辨别不同水质对淬火质量的影响。据说蒲元为诸葛亮铸炼刀具时，没有就近使用现成的汉水，而是专门派人到成都去取蜀江水来淬火冷却。当水从成都取回来后，蒲元用刃一试，马上说道："此水中已掺杂了涪水，不能用。"取水者抵赖，说没有掺杂其他水。蒲元当即用刀在水中划了两下，然后说道："水中掺进了8升清水，还敢说没有。"取水者见势不妙，连忙叩头认罪，道出实情。原来取水者从成都返回，行至清津渡口时，不小心摔倒在地，将取来的水洒出去很多。他惊恐万分，生怕回去难以交差，情急之中就近取了8升涪江水掺在其中，以为神不知鬼不觉可以蒙混过关，没料想却被蒲元一眼识破。在场的人无不被蒲元的奇妙技艺所折服。

### （三）水排的发明

为了提高冶金技术，东汉建武七年，南阳太守杜诗又发明了水力鼓风装置——水排。这种装置，用力少，见功多，一改中国冶炼鼓风装置以人力和畜力为动力的状况，大大提高了劳动效率。这是世界上最早的水力鼓风机，在中国古代冶炼工艺发展史上具有里程碑意义。

## 五　灌钢

真正让太行山的炼钢成就载入史册的是北齐的少数民族冶金家綦母怀文。今天的邢台沙河县綦村，曾经是一个冶铁重镇，在这里，綦母怀文以阴阳互补、刚柔相济的思想，经过无数次实践，取得了冶铁技术的重大突破——首创"灌钢法"，并炼成了当时最优良的钢，制成名震天下的"宿铁刀"。这是中国炼钢技术上独特的创造，在1740年西方坩埚炼钢法发明之前，是世界上最先进的炼钢方法。

当年，綦母怀文到东魏的实际掌权者高欢帐中进献他的宿铁刀，声言能够斩断30层铠甲。高欢不相信，便令士兵搬来30层铠甲叠放在一起，綦母怀文操刀在手，大喝一声，30层铠甲尽数劈开，帐中将士一片欢呼。

綦母怀文的那一声断喝，已经成为历史中的绝响。但这绝响，却让我们明晰，古代中国人对于科学与技术的追寻，是沿着"实用"一路行来的。实用，成为古代科技最本真的特点。

在17世纪以前，中国的炼钢技术长期居于世界领先地位，赢得了世界羡慕的眼光。古罗马《自然史》中说："虽然铁的种类很多，但没有一种能和中国的钢相媲美。"

## 第四节　烧陶制瓷

如果说，寻找冶铁诀窍，是为了在战争中占得上风，也是为了减轻农耕之苦，那么，古代中国人的另一项伟大发明——陶瓷，与生活的关联就更切近了。

中国是瓷器的故乡，也是人类瓷文化的发源地，在世界素有"瓷国"之美誉。在漫长的历史岁月中，勤劳智慧的中国先民们抟土成金，以聪明才智与东方民族独特的审美情趣，在制瓷艺术上取得了丰硕的成果。中国瓷器经历了由陶器到瓷器、由青瓷到白瓷、再从白瓷到彩瓷的发展历程，构成了中国陶瓷绵延不断、持续发展的历史特点。

### 一　火土交融的陶器

华夏先民，曾经是伴随着陶器，逐水而居，一路行来。据考古发现，中国早在一万年前就已经掌握了陶器制造工艺。所谓陶器，就是用黏土制成一定的形状后，用火焙烧所得到的经久耐用的容器。陶器的发明，是人类第一次利用天然物，按照自己的意志，创造出来的一种崭新的东西。它大大改善了人类的生活条件，标志着新石器时代的开始。

火，使古人从茹毛饮血的蛮荒生活中走出，人们不仅用火取暖，烧烤食物，还在火苗的烈烈飞腾中展开智慧的翅膀。偶然的机会，古人发现被火烧过的黏土泥巴，变得很坚硬。这可是个了

不起的发现,最原始的陶器,就这样诞生了!古人不仅以陶器做炊具,得到了易于消化并且味道鲜美的熟食;还用陶器存储剩余

制陶图

的食物并用作汲水、运水的工具。陶器的发明和使用,使远古居民的饮食生活条件得到了极大的改善。

伴随着制陶技术的发展,中国古代的制陶工艺逐渐达到了相当高的水平,许多陶器都堪称珍贵的工艺品。考古学家曾在山东姚官庄遗址中发掘到陶器精品——蛋壳陶,蛋壳陶以其独特的魅力成为龙山文化的象征性器物。

蛋壳黑陶高柄杯,高22.6厘米,口径9厘米,器表乌黑光亮,宽斜口沿,深腹杯身,细管形高柄,圈足底座,貌似笼状。其内放置一粒陶丸,将杯子拿在手中晃动时,陶丸碰撞笼壁会发出轻脆的响声,杯子站立时,陶丸落定能够起到稳定重心的作用,设计十分巧妙。这件高柄杯的造型体态轻盈,制作技艺美妙绝伦,是一件绝无仅有的古代艺术珍品,也是中国古代制陶艺术的巅峰之作。

蛋壳黑陶高柄杯

## 二 釉的出现

夏商周时期,中国制陶技术又有了很大的发展。陶器不同于象征国家权力、贵族财富和地位的青铜器,它被广泛应用于百姓的日常生活当中。釉陶的出现可谓是制陶工艺的重大进步。

"釉",一种矽酸盐,这是古人在制陶过程中又一突破性认识。它彻底改变了单用陶土烧制的陶器表面粗糙的状况。

爱美的古人,从来没有停止过追求美的脚步。在一个露天烧陶过程中,忽然飘进了一片树上的落叶,在陶器表面形成了斑斑点点的晶亮的釉滴。这一偶然现象,却让古人发现了草木灰的神奇。草木灰是釉的主要成分,人们发现用草木灰配以适量黏土做成釉,涂刷在陶器的表面,然后入火焙烧,结果施过釉的器物,表面有光泽,滑润美丽,不易渗水,呈现出有别于陶器的一种特殊美。

釉下五彩雄鸡

古人敏感地捕捉到这一现象,不断探索形成规律,着力表现釉色这一审美情趣,有意识地选择那些能耐高温的黏土原料来烧制瓷器,最终打破了古陶风范,形成了堪称瓷器鼻祖的原始青瓷,揭开了大自然的一个新的秘密。

美丽的瓷器,正是因为釉的产生,完成了由陶向瓷的蜕变。

## 三 青瓷

从原始瓷器的产生,到汉朝出现最早的青瓷,再到东汉出现成熟的青瓷,经历了大约1000多年的时间。瓷器一经问世,就以其坚固耐用、古朴典雅的风韵得到人们的喜爱。

考古工作者曾在浙江的上虞、宁波等地发现东汉青瓷窑址,青瓷器形有各种规格的罐、直颈瓶、双铺首壶、五管瓶、五联罐、虎子等。这些青瓷,色泽纯正,润泽碧绿,水平很高。

没有任何颜色比青色更典雅、超脱,更具永恒的生命之美。智慧的古人早已把青色嵌入人类的精神世界。在青瓷器上,有水波纹、叶脉纹、卷云纹、几何纹、编织纹、蓝纹等，这些纹饰的原型或来自天上，或来自水中，无不洋溢着生机勃勃的自然美。中国传统瓷绘艺术正是从青瓷起步的。

### 四 "南青北白"

唐代是中国封建社会经济文化极为繁荣昌盛的时期，由于社会安定、经济繁荣，瓷器生产更向前跃进了一步，出现了蓬勃发展、瓷器产区遍布全国的局面。更为重要的是，南北瓷器风格的不同使得全国逐步形成了青瓷和白瓷并驾齐驱的格局，一白一青遥相呼应，即陶瓷史上所称的"南青北白"。可以说，唐代是真正进入瓷器的时代。

#### （一）越窑

越窑在南方浙江省绍兴，主要制造青瓷。越窑的青瓷明彻如冰，晶莹温润如玉。越窑青瓷代表了当时青瓷的最高水平。后周柴荣的御窑（又称"柴窑"）出产的青瓷器，颜色像雨后的青天，被誉为"雨过天青"，人们形容它"青如天，明如镜，薄如纸，声如磬"。

#### （二）邢窑

在河北省邢台，主要制造白瓷。邢窑所产的白瓷，土质细润，器壁坚而薄，器型稳厚、线条流畅。

邢窑于北朝初露端倪，成功于隋，兴盛于唐。邢窑开创了中国白瓷生产的先河，它的出现具有划时代的意义。它不仅结束了自商周以来青瓷一统天

东汉青瓷镂空罐

汉代青瓷罐

汉代青瓷四系罐

下的局面，而且为后来花瓷尤其是彩瓷的兴盛，起到了承前启后的作用。邢窑还奠定了唐代瓷器"南青北白"的时代格局，也让古老的邢州被称为北方的"瓷都"。

邢窑白釉三足炉

随着白瓷工艺的完善，沿着太行沿线，由南向北，磁州窑、邢窑、定窑，中国陶瓷史上最为耀眼的三座瓷窑相继出现。到了唐宋时期，磁州更是成为全国的制瓷中心。磁州窑从宋代开始一直延续至今，千年窑火不灭。

邢窑和磁州窑，都有着浓郁的民间色彩和亲民感觉。磁州窑被称为"北方民间白瓷"。北方人用的白瓷，大到水瓮鱼缸，小到牙签耳勺，凡是生活需要的，瓷窑都能烧制。让我们想象一下，无论贵贱，不计尊卑，庙堂之上，贫民之中，人人都享有着这洁白而温润的礼物，是何等美丽的风景。

白瓷

### （三）唐三彩

唐三彩是唐代铅釉陶器的总称。釉彩有黄、绿、白、褐、蓝、黑等色，而以黄、绿、白三色为主，所以称之为"唐三彩"。它不仅缤纷多彩、栩栩如生地反映了唐代社会生活的众生相，而且又以雄浑大气的造型、绚丽奇幻的釉色，呈现出浓郁的异国情调。这种现实内涵和浪漫风格的融合，使唐三彩产生了一种不可抗拒的艺术魅力。

唐白瓷

常见的出土唐三彩陶器有三彩马、骆驼、仕女、乐伎俑、枕头等。尤其是北京故宫博物院和陕西博物馆收藏的骆驼俑、骆驼载乐俑，堪称为艺术珍品。这些骆驼俑高达一米左右，它们或昂首阔步，或四足伫立，或仰首嘶鸣，个个显得雍容华贵、气魄非凡。深目高鼻的胡俑，头戴尖顶帽，身穿开领衣，有的抱着西域胡乐在弹奏，有的牵着明驼骏马行进在千里沙海，真实呈现了民族文化交融、对外交往频繁的盛唐景象。

唐三彩
绿衣骑马俑

## 五　集瓷器之大成

宋代是中国瓷器发展史上又一个繁荣昌盛的辉煌时期，艺术造诣之高使"宋瓷"达到了中国瓷器史上的第二个高峰。定窑、汝窑、官窑、哥窑、钧窑为五大名窑，形制优美，高雅凝重，不但超越了前人的成就，即使后人仿制也少能匹敌。

定窑在今河北省曲阳县的灵山镇，这一带，古属定州，所以称定窑。继唐代邢瓷之后，定窑跃为宋代五大名窑之首，是生产白瓷最好的窑。早在唐代，一个叫苏来曼的外国人在他所著的《东游记》中，有这样一段记载："中国人能用陶土做成用品，里面装了酒，从外面能看到"。其实，这种瓷器就是历史上闻名中外的透影白瓷。1984年，在发掘的内丘隋代窑址中，这种让苏来曼看呆了的精美的透影白瓷出现了。透影白瓷，胎薄釉嫩，烧造难度极大，非皇宫达官难得享用。的确，与磁州窑、邢窑不同的是，定窑因为工艺精湛，逐渐成为皇家专用窑，也就是我们说的"官窑"。

纵览两宋瓷坛，多种窑系并存、各大名窑迭出，已经形成了互相影响、不断创新、争奇斗艳的新格局。并且，从宋代开始出现彩瓷，彩瓷后来成为中国瓷器的主流，出现了大量精品和传世之宝。

在此期间，景德镇窑在经历了400多年经验积累和技术革新的基础上，加以发展和提高，逐渐发展到独占鳌头的局面，后来成为元、明、清三代全国瓷业的中心,代表了制瓷业的最高水平。那时,屹立在昌江之畔的景德镇,百个烟囱昼夜红焰蔽空、烟火相望,到了夜晚,好像是被火焰包围着的一座火城。

中国的陶瓷大约于公元8世纪即唐代通过"丝绸之路"或东方的海路传到西亚和南亚,再由这些国家传到欧洲各国。中国瓷器以其瑰丽的色彩和高雅的气质深受各国人民的喜爱,成为艺术珍品。随着瓷器的西传,造瓷技术也于11世纪传到波斯和阿拉伯世界。

北宋定窑
白釉执壶

往事越千年。千年前的那种烟囱林立、炉火飘红的景象不复存在,商队络绎不绝、沿着西北和南海开创瓷器"丝绸之路"的壮景,也成为一种传说。但是,瓷,却以一种神性和灵性,活跃于世界各地人们的生活中……

## 第五节　工匠营造

创造者是伟大的。在中国历史的浩瀚星河，有这么一群人，他们全身心地专注于某一领域，对质量精益求精、对细节一丝不苟、对完美孜孜追求，他们就是中国古代工匠。历史上，古代工匠们用自己智慧的头脑、巧妙的双手以及坚持不懈的精神，创造了许许多多的工具，留下了可传承世代的工匠精神。

大争之世的春秋战国，社会经济得到了高度的发展，城市建筑和水利工程都有了相当的规模，铁器开始广泛使用，生产力水平大为提高。这时，开始出现了独立的个体手工业者。他们游走各地，哪里有活干就在哪里停留下来，自由地施展自己的手工才能。他们中杰出的代表人物就是鲁班，两千多年来一直被建筑工匠们尊奉为"祖师"。

### 一　"百工圣祖"鲁班

鲁班（前507—前444），姓公输，名般；又称公输子、公输盘、班输、鲁般。鲁国人(都城山东曲阜，故里山东滕州)，"般"和"班"同音，古时通用，人们常称他为鲁班。鲁班生活在春秋末期到战国初期，出身于世代工匠

鲁班

的家庭，从小就跟随家人参加过许多土木建筑工程劳动，逐渐掌握了生产劳动的技能，积累了丰富的实践经验。成人后，他子承父业，成为了一名工匠。鲁班是中国古代的一位出色的发明家。他的发明创造很多，包括木工工具、古代兵器、农业机具、仿生机械以及其他种类的发明创造。鲁班被视为技艺高超的工匠的化身，更被建筑工匠尊为祖师。

鲁班聪明巧思，喜欢琢磨，发明了许多工具、器械，如木工的基本工具曲尺、墨斗、锯子、刨子、钻子、凿子等，这些发明把工匠们从原始繁重的劳动中解放出来，大大提高了生产率，土木工艺出现了崭新的面貌。

我们先说鲁班造锯。先前没有锯子，伐木解料都只能用斧头砍，又累又慢，常常赶不上工程进度。一次攀山时，鲁班的手指被一棵小草划破。他很奇怪：一根小草为什么这样锋利？他把草折下来仔细观察，发现草的两边都长有许多小齿，这些小齿很锋利，自己的手就是被这些小齿划破的。鲁班眼前一亮：在铁条上带上许多小齿，不就可以锯木头了吗？锯子就这样发明了。

鲁班发明了墨斗，用墨斗来放线，再长也不会弯曲。最初鲁班放线的时候，由他的母亲拉住墨线头。后来经过改进，在墨线头上拴上个小钩，放线的时候，用小钩钩住木料的一端，就可以代替用手拉线，只需一个人操作就行了。后世的木工们就把这个小钩取名为"班母"。

木工刨木料的时候，工作台上有一个用来顶住木头使之固定的卡口，叫作"班妻"。 这是因为传说鲁班刨木料起初是由妻子扶住木料、后来才改用卡口的缘故。据古书记载，鲁班的妻子云氏也是一位出色的工匠，人们日常生活中不可缺少的伞就是她发明的。她从鲁班给人盖房子、有屋顶就可以遮风挡雨受到启发，做成了一把伞。

鲁班还发明了石磨。古时候，人们用石头把谷物压碎或者碾碎，非常麻烦。后来人们把谷物放到石臼中用杵来捣碎，但仍然费时费力。后来，有一天，鲁班突然受到启发，就在两块坚硬的圆石上凿成密布的浅槽，合在一起，装上把柄，然后在圆盘中间的洞里放上麦子，用人力或畜力使它转动，就能够把谷麦磨成粉末了。这就是石磨的发明。石磨大大减轻了劳动强度，提高了生产效率，这是古代粮食加工工具的一大进步。

鲁班还是一个很高明的机械发明家。他的鲁班锁，是按照古代八卦之术制造出来的，机关设在里面，外面不露痕迹，必须借助配合好的钥匙才能打开。

《墨子》中说，鲁班看到各种小鸟在天空中自由自在地飞翔，就用竹木削成飞鸟，借助风力在空中试飞。开始飞的时间较短，经过反复研究，不断改进，竟能在空中飞行很长时间。王充《论衡》说他能造木人木马，可自动行走，类似于今天的机器人。《述异记》上还记载，鲁班曾经用石头刻制过立体的九州地图，所以后来的石匠也奉他为祖师。

实践出真知，钻研出智慧。这一件件工具的发明，都是鲁班在生产实践中得到启发，经过反复研究、试验出来的。由于他的发明创造都是来自于生活中的实际需求，又直接应用于生活，所以他受到同时代及后世的敬爱和景仰。

"百工圣祖"鲁班，他的一生都在追求技术的极致，他用手工温度，传递着工匠的精神。他的开拓创新、一丝不苟、精益求精、尽善尽美的"工匠精神"从鲁国大地延展开来、传承下去。自鲁班以后，一代代的中国工匠们，耐心专注、咫尺匠心，一材一物间诠释着极致；锲而不舍、身体力行地传承工匠精神；他们千锤百炼、精益求精地打磨出属于中国的工匠制造。

## 第六节　四大发明

人类历史充满着追求和探索，留下了无数创造发明的记录。它们如同耀眼的繁星，在辽阔无垠的科技星空熠熠生辉。其中，中华民族的四大发明——造纸术、印刷术、火药、指南针，更是璀璨无比，在世界文明史上占据重要的地位。

"四大发明"这一说法最早由英国科学家、历史学家李约瑟提出。英国哲学家培根曾说："印刷术、火药、指南针曾改变了整个世界。变化如此之大，以至没有一个帝国，没有一个教派，没有一个赫赫有名的人物，能比这三种发明在人类事业中产生更大的力量和影响。"

马克思曾写道："火药、指南针、印刷术，这是预告资产阶级社会到来的三大发明，火药把骑士阶层炸得粉碎，指南针打开了世界市场并建立了殖民地，而印刷术则变成新教的工具。总的来说，变成了科学复兴的手段，变成对精神发展创造必要前提的最强大杠杆。"

"四大发明"的出现，不仅推动了中国历史、文化、经济等方面的发展，而且对整个世界近代文明和科学的发展做出了突出的贡献。

### 一　造纸术

早在造纸术出现之前，中国古代人民先是将文字符号刻画在石壁、陶器上,史称"陶文";3000年前人们用龟甲、兽骨作为文字记载材料,称为"甲骨文";后来人们在青铜器上刻铸铭文,称作"金文"。春秋战国时期,人们又把文字刻写在竹片或木片上,称为"竹简""木牍"。竹简、木牍资源虽丰,但书写时用量较大,抄写一部书通常要用数百上千根竹简、木牍,十分笨重,携带不便。据说汉武帝时,东方朔写一篇奏文用了3000枚竹简,不得不请两个人抬着奏文上朝。汉武帝花了两个多月的时间才读完。与竹简、木牍同时流行的,还有在帛上书写、作画的帛书,帛虽质地轻巧,但价格昂贵。所有这些记载文字的材料均难以推广使用。

后来,人们发明了植物纤维造纸术,产生了一种十分粗糙、不能用来写字的纸张——絮纸,这是纸的原始形态。受此方法启发,人们经过长期摸索和实践,终于发明了用废麻、破布、旧渔网、树皮等为原料制造麻纸的方法。

古代造纸雕塑

在这场书写材料的技术革命中,东汉蔡伦以其卓越的贡献而名留史册。

蔡伦(约61—121),桂阳(今湖南耒阳)人,是东汉时期一个极富创新精神的科技专家。

蔡伦少年时饱读诗书,也爱写文章,但是因为贫

蔡伦

格物致知

蔡伦造纸像

困,没钱买昂贵的帛来习文写字,所以深知缺纸的困难。入宫后,蔡伦念念不忘此事,总想发明一种便宜的东西代替帛,方便广大百姓。一次,他到宫廷丝织品作坊里看到盛放丝的簸箩里有一层薄薄的东西,揭起来晾干后可以书写。但是,这种东西太薄也太容易涸,造价高且不实用。

有一天,蔡伦带着几名小太监来到离都城不远的缑氏县凤凰谷,只见休水清澈,水中积聚了一簇枯枝,上面挂着一层薄薄的白色絮状物。他用树枝挑起来细看,只见这东西牵牵连连,犹如丝绵,就立即找来河旁的农夫询问。"这是涨水时冲下来扭在一起的树皮和烂麻,又冲又沤又晒,就成了这烂絮。"农夫说。

"什么树皮?"蔡伦急切地问。"岸上的构树呗!"农夫答道。

蔡伦放眼望去,只见河岸边满是绿色的构树,造纸的主意灵光顿现。

几天后,蔡伦亲率皇家作坊中的技工来到凤凰谷,开始试制纸张。他们找来石臼,拿来竹帘、筛网等工具,就地取材。他们剥下树皮,用石臼捣碎,用筛网过滤,然后再捣碎、过滤,反复操作,最后将制成的稀浆捞出来摊在竹帘或密密的筛网上,待晾干后揭下,便造出了最初的纸。

就这样,蔡伦带领工匠一连干了数日,共造出数十张比较满意的"纸"。这"纸"体轻质薄,表面光滑,很适合写字。

回宫后,蔡伦将纸进献给汉和帝。汉和帝试用后龙颜大悦,当天就驾临凤凰谷,查看了造纸的过程。回宫后,汉和帝不但重赏了蔡伦，还诏告天下，推广造纸技术。后来，汉安帝又封蔡伦为"龙亭侯"，人们便把蔡伦发明的这种纸叫作"蔡侯纸"。

　　到了魏晋南北朝时期，造纸术开始向国外传播。造纸术最先传到朝鲜和越南。大约在隋朝末年，由朝鲜传到日本。唐天宝十年，唐朝的一些造纸工匠把造纸术带到了阿拉伯。12世纪中叶，阿拉伯人又把造纸术传入欧洲。又经过400多年，造纸术传到美洲。19世纪，澳洲也建起了造纸厂。这样，中国劳动人民发明的造纸术传遍了世界，为人类文明的进步做出了不可磨灭的贡献。蔡伦的名字也随着造纸术的传播而传遍了整个世界。

古代造纸雕像

## 二　印刷术

与造纸术一样，印刷术也极大地推进了人类文明的步伐。早在隋唐时期，雕版印刷就出现了。雕版印刷虽然较人工手抄来说是一个巨大的进步，但它依然在人力和材料方面浪费很大。因为每一部书都要重新刻版，大部头的书往往要历时数年；将书印完后存放版片需占大量的地方；出现错字也很难修改。这些缺点随着雕版印刷术的兴盛日益显现出来。作为对雕版印刷术的改进，宋代庆历年间，平民毕昇发明了活字印刷术，使印刷技术产生了一个巨大的飞跃。

毕昇（约970—1051），湖北英山县人，是一位出色的刻字工人。当时，杭州西山有个号称"神刀王"的雕版师傅，其刀下功夫远近闻名，有口皆碑。许多人慕名前来拜师，"神刀王"一概不收。可他晚年的时候，却破格收下了一个平民出身的小徒弟——毕昇。原来，"神刀王"不但看中了毕昇那股灵巧劲儿，更喜欢他那忠厚诚实的品行。他觉得，把自己的本领传给这样的人，到死的时候也就可以瞑目了。

毕昇

毕昇跟着"神刀王"一学就是几年，技艺大有长进。有一次，他的师傅雕刻晋代大书法家王羲之的《兰亭序》时，让毕昇在一旁观察揣摩。谁知还剩下最后一行时，毕昇一不小心，碰了师傅的手臂，把刀下那个"之"字刻坏了。

毕昇难过极了。晚上，他躺在床上翻来覆去睡不着觉。他先是暗暗埋怨自己，后来又突然冒出一个念头：雕版印刷

活字印刷雕塑

太麻烦了,能不能改进一下呢?从那天起,他一有空儿就琢磨这件事。一天,他在西湖边散步,发现一个江湖画师正往一幅风景画上盖图章,凑近仔细一瞧,真新鲜,那画师竟把三枚图章串在一起。毕昇颇有兴趣地看了一会儿,忽然,他猛一击掌,高兴地大叫起来:"有办法了!有办法了!"

他一溜烟跑回住处,用胶泥做成一个一个方块,干了以后,刻上反字,一字一块;接着用火将这些活字烧硬,按韵排列在特制的木格里;然后根据需要,将活字排在铁框里固定好,这样就可以刷上墨印书了。

听说毕昇发明了活字印刷,印刷效率一下子提高了几十倍,师弟们纷纷向他取经。毕昇一边演示,一边讲解,毫无保留地把自己的发明介绍给师弟们。师弟们禁不住啧啧赞叹。一位小师弟说:"《大藏经》5000多卷,雕了13万块木板,一间屋子都装不下,花了多少年心血!如果用师兄的办法,可以大大节约时间啊。"活字印刷,就这样发明成功了。

活字印刷,既方便又节约。这种新技术,很快就被推广到全世界。中国的雕版印刷术大约于12世纪传到埃及,而活字印刷术则通过维吾尔人传入高加索，再传到小亚细亚、埃及以及欧洲。大约在元代时，欧洲人了解到中国活字印刷术。公元1450年，德国古登堡仿照中国活字印刷术制成了用铅、锑、锡合金为材料的欧洲拼音文字的活字，开始了欧洲活字印刷的历史。

## 三　火药

中国古人很早就掌握了伐木烧炭的技术，公元前后又发现了天然硫矿和硝石。这些基本原料虽然很早就有了，但将它们配制成火药则是炼丹家的功劳。火药是中国古代炼丹家在炼丹过程中发明的。火药发明的时间是在唐代。

中国的炼丹术和西方的炼金术一样，都来源于原始巫术，带有浓重的神秘主义色彩。炼金术追求黄金，炼丹术追求长生不老之丹。为了配制长生不老药，炼丹家在炼丹的过程中，意外发现了火药。

《太平广记》中有一个故事，说的是隋朝初年，有一个叫杜春子的人去拜访一位炼丹老人，他当晚住在那里。半夜，杜春子梦中惊醒，看见炼丹炉内有"紫烟穿屋上"，顿时屋子燃烧起来。这可能是炼丹家在配置易燃药物时疏忽而引起的火灾。

唐代的孙思邈不仅是著名医药学家，也是一位著名的炼丹大师。相传有一天他不晓得抓了些什么硫、硝、炭的东西就爆炸了，那可能就是今天的火药。在《丹经》一书中，他第一次记载了配制火药的基本方法——硫磺伏火法。他说，将硫磺和硝石混合，加入点燃的皂角子即可发生焰火。这是中国最早的火药配方。

科学，就这样渗透在诸多偶然中，充满趣味又让人不敢想象，很多惊世发明，竟都来源于生活中的意外发现。

火药既然不能解决长生不老的问题，又容易着火，炼丹家们对它并不感兴趣。但是火药的配方由炼丹家转到军事家手里，就成了中国古代四大发明之一的黑色火药。

刚开始的火药武器是名副其实的"火器",它的主要目的是在敌人阵地制造大火。火箭、火

古代火炮

炮也就是简单地将带有火药的火球抛到敌方。大约公元1000年左右,宋代唐福发明了火蒺藜。里面除火药外还有砒霜、沥青、铁蒺藜等物质,杀伤力更大,是原始的炸弹。到了宋朝,人们将火药装填在竹筒里,火药背后扎有细小的"定向棒",当点燃火管上的火硝时,引起筒里的火药迅速燃烧,产生向前的推力,使之飞向敌阵爆炸,这是世界上第一种火药火箭。以后人们又发明了火枪和枪,这些都是用竹管制成的原始管形火器,是近代枪炮的老祖宗。

中国的硝石、硫磺和火药配制技术大约于公元8世纪首先传到了阿拉伯和波斯。阿拉伯人称硝为"中国雪",波斯人称其为"中国

清代火枪

盐"。元朝的军队借助于精良的火器装备同西方国家作战,火药武器也因此传到了阿拉伯和欧洲。在军事需要的刺激下,人们也一直在不断探索强化火药的毒性、燃烧力和爆炸力的方法,于是各种新式火药武器因运而生。人类战争逐渐由兵刃时代进入了火器时代。恩格斯曾这样评价说:"火药和火器的

元代铜火铳

采用绝不是一种暴力行为,而是一种工业的,也就是经济的进步。"马克思也认为火药是促成资本主义社会诞生的重大科技发明之一。

## 四　指南针

指南针是中国对世界文明发展的又一项重大贡献,它是利用磁铁在地球磁场中的南北指极性而制成的。

中国是最早发现磁铁具有指极性的国家。早在战国时期,人们就利用这一特性而发明了指向仪器——司南。司南,是将整块天然磁铁琢磨成勺子形状,放在四周刻有表示方位的格线和文字的光滑圆盘内,S极为长柄。由于司南的圆盘大都由青铜或涂漆的木盘制成,因而摩擦阻力较小,这样勺形磁铁就可以灵活转动指示方向。有人认为这就是世界上最早的"指南针"。其实,这时的司南与后来用于航海的指南针还是有所区别的,还不能算是真正意义上的指南针。

真正意义上的指南针出现是在宋代。

当时的人们掌握了制造人工磁体的技术,又制造了指南鱼。北宋大臣曾公亮描述过指南鱼的做法,即先将薄铁片做成鱼形,将鱼首和鱼尾都做得尖尖的,然后将其加热到很高的温度。取出后将其按照南北磁极朝向放置,使鱼头向南,鱼尾向北,马上放入冷水中，这样铁片便成了磁体，再将这条磁鱼放在水碗状容器里面，便可使其指示方向。这种人工传磁方法制成的指南鱼比使用司南方便多了，只要有一碗水，把指南鱼放在水面上就能辨别方向了。

后来，人们又把钢针在天然磁体上摩擦，钢针也有了磁性。这种经过人工传磁的钢针可以说是正式的指南针了。

北宋著名的科学家沈括，勤奋好学，善于独立思考，一生大部分时间都在致力于对科学事业的探索。《梦溪笔谈》一书中提到，沈括对指南针的用法做过四种试验，经过精密的观察实验，他还发现磁针指示的方向并不是正南正北，而是微偏西北和东南，这种发现在科学上叫磁偏角。

指南针发明之后就开始在宋朝的航海业中发挥了作用。《萍洲可谈》中最早记述了指南针在航海中的使用：海员起初还只是在阴雨天时使用，但到了宋代末期以及元代，不论昼夜阴晴都使用指南针导航，实现了全天候航行。指南针的发明使中国的航海事业在中世纪达到世界最高水平。

对外贸易和海上交通的发达，使得中国船只远达大西洋沿岸，指南针正是这些远航水手传给阿拉伯和波斯的。通过他们，

汉代司南

中国发明的航海罗盘逐渐为欧洲人所熟悉。

指南针的发明，对中国乃至全世界都产生了巨大的影响，它引起了航海技术的重大革新，使航海事业得到了极大的发展，同时也促进了中外经济贸易和文化交流。著名的科技史专家李约瑟将其视为原始航海时代结束以及计量航海时代来临的标志。

## 第七节　造字作文

文字记录语言的书写符号,是人类传达感情、表达思想、传承文化的重要工具。世界上最古老的文字,除了中国文字外,还有苏美人、巴比伦人的楔形文字、埃及人的圣书文字和中美洲的玛雅文字,这些文字造就了古文明的历史成就。大浪淘沙,如今楔形文字、圣书文字、玛雅文字早已消亡。古老文字能够一直延续下来、直到今天仍然在使用的,是中国汉字。中国汉字是世界上唯一活着的文字,也被称为"中国的第五大发明"。

### 一　汉字的起源

关于汉字起源于何时,由谁发明,历来众说纷纭,既有民间的多种传说,也有学者的推测假说。最典型的有:伏羲画八卦说、仓颉造字说、结绳说、手势说、刻契说、图画说等等。

远古时代,先人们结绳记事,在土地上、崖壁上刻画心中的梦想,但他们并不懂得文字。传说4500多年前的黄帝时期,一个名叫仓颉的史官造出了文字。仓颉,姓侯冈,号史皇氏,黄帝时的史官,汉字创始人,被尊为"造字圣人"。传说他刚出生就会写字,又说他有四只眼睛,善于观察世间万物。当他抬头看到天上星星排列的形状、低头看到鸟兽在地上走过的足迹时,突然受到启发,觉得不同的形状可以区别食物,于是造出了象形文字。更神奇的是,由于有了文字,天地间神灵的秘密就显露出来了,这可把神灵鬼怪吓坏了,于是那一刻"天雨粟,鬼夜哭"。

事实上，中国汉字是在历史长河中，先人们通过生活、生产实践，经过了多元的、长期的磨合，逐步创制和完善的，是人民群众智慧的结晶。但是传说中仓颉造字的过程真切地告诉我们：汉字是一种表意的视觉符号，创造汉字是从画图画开始的。

面对沧海桑田，人类从此可以交换心灵，可以探讨征服的经验，可以卜测未来的祸福吉凶。文明开始了，没有什么可以阻挡人类铿锵的脚步，大地也为之微微颤动，那是文字传递而来的力量！

## 二　从地下走出来的文字——甲骨文

甲骨文是一种神奇的文字，它的产生与商代社会的鬼神崇拜有关，它事隔3000年才从地下走出来的经历也充满了传奇色彩。

1899年，一百多年前的清光绪，北京。"京师团练大臣"王懿荣病了。这位武官其实是位文人，他对医药也很感兴趣。一天，他打开一包草药仔细地观察，突然发现了一块"龙骨"，龙骨上面似乎刻了一些文字。出于对文字的敏感，他又反复观察，没错，就是一些奇异的文字！他认为这一定是很有价值的古物，于是便派人到处搜购。原来，这些龟甲是河南安阳一带的农民在土地上耕作时，从地下翻出拾获后卖给中药店的。他夜以继日地研究着这些神秘的文字。这就是举世闻名的甲骨文，在这个纯属偶然的机会中重见天日了。

甲骨文，甲，就是龟甲；骨，主要指兽骨。甲骨文是殷商时代刻在龟甲或兽骨上面的文字，主要是用来卜断吉凶的。占卜的过程为：人们先利用火烧灼龟甲，龟甲上便会出现裂纹，人

甲骨文

们便根据这裂纹卜断吉凶,并将卜问的事情和结果记刻在龟甲上,而这些刻在龟甲或兽骨上的文字便被称为"甲骨文"。它是迄今为止发现的中国最古老而且比较成熟的一种文字。

甲骨文中关于商朝女将军"妇好"的记载,为我们呈现了一副鲜活的商代历史景观。妇好,是商王武丁的妻子,她不仅是一位英勇美貌的女将军,还多次主持重大的宫廷祭祀和占卜,其地位和威望都很高。武丁非常爱他文武双全的妻子。有一次,妇好打仗胜利归来,武丁亲自出城迎接,夫妻二人就在城外尽情地骑马打猎,还共同捕获了一只鹿。武丁时刻关心着在外征战的妇好的冷暖,几乎每天亲自为她的健康占卜:"最近北方多雨,不知道她知不知道注意身体?""这几天很冷,她会感觉到寒冷吗?""她受过伤,骨头疼,不知道现在怎么样了?"短短的甲骨卜辞,充满了武丁对妇好深深的思念和无尽的爱。后来,妇好劳累而死,年仅33岁。武丁非常悲痛,把自己的爱妻安葬在宫殿内,并举行了隆重的葬礼。甲骨文为我们解开了历史上有名的"妇好之谜",讲述了商代一段美丽动人的爱情故事,让人感叹不已。

## 三 世界青铜文化奇观——金文

经过古人刻画、烘烤的甲骨文是那么清晰真实地呈现在我们的面前。接下来,由工匠铸造和铭刻的金石文字,更是无比"确凿",一下子就能让我们感受到古人的聪明才智。

金文也叫钟鼎文。商周是青铜器的时代,青铜器的乐器以钟为代表,礼器以鼎为代表,"钟鼎"是青铜器的代名词。所以,钟鼎文或金文就是指铸在或刻在青铜器上的铭文,其内容是关于当时祭祀、征战、围猎、盟约等活动的记录,反映了当时的社会生活。商周青铜器上的金文,是汉字形体演变过程中的重要一环。

## 商代后母戊鼎

后母戊鼎

前文我们讲到武丁和妇好的故事。武丁去世后,他的两个儿子祖庚和祖甲先后继位,父子三人开创了商朝100多年的盛世,这时候商朝的国力非常强大,经济、文化、科技都有很大的发展,人们也越来越重视祭祀和礼仪了。

祖庚和祖甲的母亲叫妇好,是武丁的后妃。她是一位农业科学家,擅长种植庄稼。妇好去世后,祖庚和祖甲为了纪念自己的母亲,决定为母亲铸造一只鼎。

商朝的青铜冶炼技术非常高,那时候的人们可以按比例把铜、锡、铅几种不同的金属混合在一起,铸造出鼎、爵、尊等等精美的器物。不过,祖庚和祖甲想要铸造的这只鼎,可不是一只简单的鼎,它是一只超级大鼎。

这只大鼎高1.3米,重875公斤,大约和15个成年人的体重差不多。铸造这样的大家伙,需要先分别铸造出零部件,然后再合成一个整体,制造工艺十分复杂,需要二三百个工匠同时操作,密切配合,才能完成。

这只鼎工艺精巧,造型庄重,鼎身刻有许多精美的纹饰,有鱼纹、虎纹,还有饕餮纹。"饕餮"是古代的一种神兽,它喜欢吃各种各样的美食,把它铸在鼎上,表达了古人希望丰衣足食的美好愿望。

大鼎的内壁上刻了"后母戊"三个字,"戊"是妇好死后的封号。这几个字的意思就是"祭祀母亲戊",因此大鼎也就叫"后母戊鼎"了。而妇好也因为这只大鼎,在历史上永远留下了自己的名字。

## 四 古代美术字——小篆

秦始皇统一中国后,推行"书同文"政策,由丞相李斯负责。小篆,就是在秦国原来使用的大篆籀文的基础上进行简化、取消其他六国的文字而创制的统一文字的汉字书写形式。

### "小篆之祖"李斯

李斯(约前284—前208),字通古,楚上蔡(今河南上蔡西南)人,秦代著名的政治家、文学家和书法家。他是中国书法史上第一个有记载的书法家,后代书法家都尊崇他为"小篆之祖"。

李斯生于战国末年,年轻时做过掌管文书的小吏。后师从荀子学帝王之术,学成入秦。在秦王政灭六国的事业中起了较大作用。其后任丞相。任丞相期间,他提出的政治主张对中国和世界产生了深远的影响,奠定了中国两千多年政治制度的基本格局。

统一后的中国,亟需一种统一的官方文字。公元前221年,秦始皇接受丞相李斯"书同文字"的建议,下令禁用各诸侯国留下的古文字,一律以秦篆为统一字体。李斯便奉秦始皇之命,制作标准字样,这便是小篆。

李斯

为了推广统一的文字,李斯亲作《仓颉篇》七章,每四字为一句,作为学习课本,供人临摹。李斯还写下《泰山石刻》,字体出神入化,结构精妙,是唯一传世的书迹。

## 五　古今文字的分水岭——隶书

秦代，在小篆流行的同时，民间还有一种写起来更快更方便的字体在流行，这就是隶书。到了汉代，隶书已经完全不像图画，变成了纯符号的文字，汉字从此基本定型。隶书是中国古代文字发展的分水岭，标志着古文字阶段已经过去，今文字阶段开始了，为行书、楷书、草书等的发展奠定了基础。

### "隶书之祖"程邈

程邈，字元岑，下杜（今陕西西安南）人，秦代书法家。

程邈当县狱吏时，负责文书一类的差事。但因他性情耿直，凡事不肯变通，让秦始皇很生气，便找了个借口把他关进了云阳的监狱。

程邈在狱中度日如年，觉得白白浪费时光实在可惜。当时正值秦始皇推行"书同文"政策，以小篆为全国统一文字。可是，曾经从事过文书工作的程邈知道，如果政务繁忙，每天有很多公文要写，用小篆写固然比以前方便许多，但小篆不便于速写，还费时费事，影响工作速度和效率，难以适应公务。若能创造出一种容易辨认又书写快速的新书体，不是更好吗？这个念头一钻进程邈的脑子里，他便觉得豁然开朗了。从此，他每天都绞尽脑汁地琢磨、钻研字体结构。

程邈把民间流传的各种字体，一个一个地加以改进。他把大小篆的圆转改变为方折，同时删繁就简，去粗取精，经过加工整理，用了10年的时间，终于创造出书写方便、又易于辨认的3000个字来。

程邈把这3000个字呈献给了秦始皇。秦始皇看后非常高兴，不仅赦免了程邈的罪行，还把他提升为御史。

由于程邈的官职很小，属于"隶"，人们就把他编纂整理的文字叫作"隶书"。同时，"隶人"也指"胥吏"，即掌管文书的小官吏，所以在古代，隶书也被叫作"佐书"。这种隶书的特点是扁阔取势、结构简单、笔画平直，和小篆相比书写方便多了，也易于辨认。后来为了和汉朝的隶书区别开来，就把程邈创造的隶书称为"秦隶"，程邈也被称为"隶书之祖"。

秦隶的出现，是中国文字史乃至书法史上的一次重大变革，隶书逐渐成为占统治地位的官方书体。

隶书

## 六　通用文字——楷书

楷书，也叫"真书"或"正书"，因为可以做学习写字的楷模，所以有了"楷书"的名称。楷书出现于东汉末年，是由隶书经过简省演变而来。到了隋唐时期已经相当成熟。由于楷书比隶书好写，比草书好认，所以一直沿用到今天，成为使用最广泛、通用时间最长的标准字体。

### "楷书之祖"钟繇

钟繇（151—230），字元常，颍川长社（今河南许昌长葛东）

**钟繇书法作品**

人,三国时期曹魏著名的书法家、政治家。

钟繇是今天流行的楷书的创始者。书法界有一种说法:蔡邕传书法于崔瑗和女儿蔡文姬,蔡文姬又传书法于钟繇,钟繇传书法于卫夫人,卫夫人传书法于王羲之,王羲之传书法于王献之。这样算起来,王羲之还是钟繇的徒孙,可见钟繇在书法史上的地位。

钟繇一生有30多年时间集中精力学习书法,主要从蔡邕的书法技巧中掌握了写字要领。在学习的过程中,他不分白天黑夜,不论场合地点,有机会就练。和别人坐在一起谈天时,他就在周围地上练习;晚上休息时,他就以被子做纸张,结果时间长了,被子都被划了一个大窟窿;见到花草树木、虫鱼鸟兽等自然景物,钟繇就会与笔法联系起来。在苦练的同时,钟繇还十分注意向同时代的人学习,经常和曹操等人讨论用笔方法问题。

钟繇不但严格要求自己,对弟子也同样严格要求。他的弟子宋翼学书认真,但成效不大,钟繇当面怒斥,结果宋翼三年不敢面见老师。最后宋翼终于学有所成,名震一时。对儿子钟会,钟繇也常常苦口婆心,百般劝诫,钟会最后也取得了巨大成就。钟繇、钟会父子被人们称为"大小钟"。

### 七　飘逸的相连——草书

草书是对隶书的简化和连写，草书打破了汉字的方块形，线条飞舞，笔画相连，生动而有气势。草书很难辨认，实用性很差，但艺术欣赏性很强。

#### "草书之祖"张芝

张芝（？—约192），字伯英，敦煌郡渊泉县（今属甘肃）人，东汉大书法家，有"草圣"的美誉。

张芝出身名门，从小就勤奋努力。据说他在池塘边练习书法，把满池塘的水都变成了墨色。后人称书法为"临池"，即来源于此。

张芝正是这样苦苦求索，才登上了书法艺术的高峰。他从民间和东汉书法家杜度、崔瑗那里汲取了草书的艺术精萃，创造了跨时代的大草，当时亦称"今草"，一时名噪天下，学者如云。张芝的草书，自由奔放，充满动感和激情。"精熟神妙，冠绝古今""伯英即草书之祖也"。（张怀瓘《书断》）

张芝的草书影响了整个中国书法的发展，为书坛带来了无与伦比的生机。自汉末至中唐六七百年间，在草书领域里涌现了韦诞、卫瓘、索靖、卫恒等这些传于书坛的人物，更有王羲之、王献之、张旭、怀素四位光耀千古的大师，他们的师承都来源于"草书之祖"张芝。可见，张芝对草书的发展起到了承上启下、不可低估的作用。

### 八　均衡快捷之美——行书

行书是介于楷书和草书之间的一种字体。如果说楷书如"坐"，草书如"飞"，那么行书就是"走"了。行书的实用性很强，我们平时所写的字就是行书。

## "行书鼻祖" 刘德升

行书

刘德升，字君嗣，颍川（今河南）人，东汉时著名的书法家，行书书法创始人。刘德升因创造了介于楷书与草书之间的"行书"字体，又被后世称为"行书鼻祖"。

刘德升自幼酷爱书法，一生钻研不辍，对各种书体均有建树。他的行书书法，字迹妍美，风流婉约，如行云流水，非常快捷，既不像楷书那么拘谨呆板，也不像草书那么狂放难认，一经问世就广受欢迎。后来东晋的王羲之、王献之精研刘德升的行书，极为娴熟，将行书推进到臻于完美的艺术高度。

# 第二章 经济贸易

在上下五千年的文明史中，经济作为人类社会生活的主要内容之一，古代中国人以对历史经济脉搏的准确把握，顺时变易，创造了高度发达的经济繁荣。北宋"交子"的产生，使中国成了世界上公认的纸币的故乡；陶朱公范蠡，不但发明了"秤"，更以其经济管理智慧拥有了"商圣"之称；管仲的盐铁专卖思想传承至今，影响深远，成为春秋以后长达两千余年的中国食盐专卖制度的滥觞。汉、唐发达的经济，使中国一度成为世界经济文化中心。悠远绵长的丝绸之路，更是开启了世界性贸易之先河。

## 第一节　刀布交子

货币,古称钱币。中国是世界上最早使用货币的国家之一。中国的货币是中华民族古老文明的象征,它代表着炎黄子孙为创造社会物质文化生活而劳动生息的聪明才智。中国的货币是适应商品交换的需要而产生的,它随着生产方式的变革、朝代的更替和商品经济的发展而不断地发展变化。

### 一　最早的货币——海贝

在远古时期,是没有货币的。当你需要一件东西,而自己又没有的时候,就只能想办法以物易物了,这就是物物交换。但是不同的物品,在不同的人眼里,价值又不同,所以交易起来很麻烦。你想换别人的东西,你手头的东西又刚好是那个人需要的,交易才能成功。

物物交换所遇到的问题,已经孕育着货币的萌芽。在频繁的商品交换过程中,便出现了商品交换媒介物——自然物货币。当时,农民的谷粟、布帛和农具,牧民的牲畜和皮革,渔民的海贝等自然物,都充当过货币。

随着人类智慧的进步,生产能力不断提高,到了公元前3000年至前2000年,开始出现了私有财产。这时商品交换形式由物物交换发展为简单的商品交换。当时的人们在生活中发现,有一种海水贝壳特别好,这些贝壳,色彩鲜艳、小巧玲珑而又光亮美丽,而且它们还具备货币的基本特性——携带方便、经久耐用、易于存放。

所以,海贝就无可争议地成了人们普遍认同的一般等价物——货币。这也是中国最早的货币。

这种贝币最开始是经过天然贝加工而成,它一般生长在热带和亚热带沿海,只有靠近海边的渔民容易取得,距海较远的中原地区则很难大量获得。

## 二 仿制货币

随着商品交换对货币的需要量增加,贝币无法满足需求,于是夏代便出现了仿制货币——骨贝。骨贝是仿照海贝用兽骨制成的货币,并且染上

商周骨贝币

黑色,有光泽。最初的仿制贝有骨贝、石贝、陶贝等。

不管是哪种材料,若以那个年代的生产力而言,加工一个贝还是很不容易的。所以它们都被认可,同样地被用于交易。

贝币以"朋"为计量单位,五个贝为一串,两串为一朋。女英雄妇好的墓中,就出土了700朋贝币,大约可以买到当时的80块田,可见她财富之巨大。

## 三 铜贝

商代时,便发展到用铜来制造货币,这就是铜贝。这是人类最早使用的金属货币,也说明人类从石器时代进入了青铜时代。

有了铜这种神奇的东西,人们就可以按照自己的意志来塑造货币了。到了越王勾践所在的周王朝,青铜冶炼和铸造技术日趋成熟,货币的样式也有了很大的变化。这一时期流通的货币主要有四种——布币、刀币、环钱和蚁鼻钱。最正统的货币,当数周

朝发行的布币。

东周以环币为主，铸有"共""垣"字样，主要用来满足周王室上层人物的交易需要。

三晋是古代农业发达区域，以铲状铜质布币为主。

燕齐以适应手工业、山区、游牧业发展需要，以铸铜质刀币为主。

西方的秦国，似乎更注重纺织业。他们仿照纺轮的形状，铸造了环钱。

楚国的汝汉产金，所以通行小方块黄金作的"郢爰"币和"鬼脸、蚁鼻"铜贝。

燕刀币

春秋战国货币形态的多样化，反映了商品经济的发展。司马迁曾在《史记》中概括了当时的盛况："天下熙熙，皆为利来；天下攘攘，皆为利往。"意思是说，天下熙熙攘攘的人们，都是为追求私利而相互来往，到处奔波。当时的商人主要是商贩。为了能多赚钱，他们来往贩运，从摆摊售卖到远程买卖，不但经营的商品种类繁多，而且商品交换的地域也相当广泛。

到了战国末期，由于商业的发展，全国各地的商品交流紧密，钱币的形制由分散趋向统一。布币和刀币就不那么流行了，秦国的环钱和楚国的蚁鼻钱逐渐显出优势。到战国末期，基本就是秦楚之间的对抗。直到最后，秦始皇统一华夏，推出了一个划时代的货币，即圆形方孔钱。

## 四 圆形方孔钱

公元前221年，秦王朝建立后，废除了以前铸造的各种各样的地方货币，规定以黄金为上币，即主要在上层统治阶级范围内使

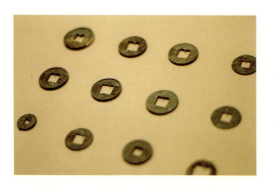

五铢钱

用的货币；又以原秦国的铜铸币——圆形方孔钱为下币，主要供民间日常交易使用。这样，便实现了中国货币种类及其单位的首次统一。

圆形方孔钱，由于其体积小，圆形可减少转动磨损，方孔又便于穿绳，并且在形制上符合"天圆地方"的传统哲学观念，所以在中国通行了2000多年。无论是秦统一中国后颁行的半两钱、汉代通行的五铢钱，还是唐代以后通行的各种"通宝""元宝"，在形制上都完全一样。小小的钱币成为文化艺术的载体和结晶，拥有一段悠久而丰富的历史。

秦代半两铜钱

唐代开元通宝

李时珍的《本草纲目》中就记载过使用秦半两治愈的两则病历：一则治愈跌打损伤，另一则治愈眼疾。这应该是由于半两钱与其他古钱币的铜质不同，铸钱时所使用的合金中包含各种微量元素，而恰好秦半两中包含着对人体有益的元素。

## 五　世界上最早的纸币——宋代交子

11世纪初，北宋时的四川产生了世界上最早的纸币——交子。当时的成都是中国首屈一指的贸易集散地，盛产蜀锦、蜀绣、纸张、布匹、农耕铁器、川酒、川茶、盐……可谓是应有尽有。全国商人即使翻山越岭也要入蜀采购，贸易十分繁荣。

当时的商人要来四川做生意，或者四川商人要出川交易，都必须携带沉甸甸的大量铁钱,千辛万苦地奔走在崎岖险峻的蜀道上。据说当时买一匹布,需要铁钱约两万文,重达500斤,不得不用车来装载。

往往商贸活动最发达的地方,最容易让人迸发商业的智慧。于是,有个聪明的蜀锦商人敏锐地嗅到这个商机。他找来几个商界好友,一起在茶铺里商讨关于纸币的想法,"我们为什么不把铁钱制成纸币?这样方便大家携带,然后我们在市场上兑换,还能从中赚点手续费。"此言一出,大家都为这个想法雀跃不已。于是,他们秘密设计出"交子"的手工绘画稿,找了一个手艺精良的师傅制版,印刷并剪裁成一张张尺寸相等的"纸币",这种纸币被称为"交子"。

"交子"的"交"是交合的意思。早期的交子是一张两面都有印记的纸,加上密码画押。为了防止假冒,当时大商户们发行交子时还在上面印有图案。为了增加信任感,他们还在交子上盖上自家店铺的戳,确保诚信。谁如果交付现钱,谁就可以领到交子;凭交子兑换现钱时,每贯扣去三十钱,作为手续费。这种又薄又轻的交子当作货币使用,不知比铁钱方便多少倍。

起初这批交子,在大商户之间使用并流通。因为经营规模越大的商户,铁钱积累量就越大,储存携带越不方便。有了这样方便的纸币出现,拿着铁钱换成的纸币,就能换回自己想要的东西,商户们十分开心。

后来,由民间主导的这种交子的发行与流通,慢慢也产生了一些新问题。比如一些小商家开始鱼龙混杂,相互欺诈,他们在滥发交子后关门停业;或者

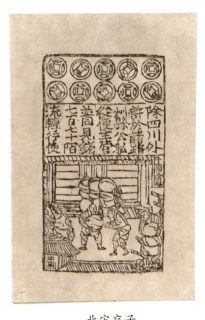

北宋交子

挪用存款，经营其他买卖失败而导致破产，这样难以确保存钱者的利益。交子在民间的流通，慢慢陷入了困境。这时大商户们请求当时的官衙，将交子的发行与流通由政府主导。

公元1005年，益州知州张咏对交子铺进行了严厉整顿，剔除了劣迹斑斑的奸商和大多数实力不足的中小经营者，转而由16家有实力、有信誉的富商联营交子铺。于是，"私交子"演变成"官交子"，成了全世界最早获得政府认可的纸币。

中国的"交子"，在世界货币史上写下了最灿烂的一笔，中国自然也成了世界上公认的纸币的故乡。

## 第二节　商圣范蠡

中国古代经济思想同其他民族文化遗产一样，具有浓厚的民族色彩。它是古老的东方民族的精神财富，是中国人民在几千年经济管理与经济活动中的智慧结晶。

中国古代经济思想最早可追溯到夏商甚至更早的时代。到了春秋战国时期，出现了百家争鸣的繁荣局面。道、儒、墨、法各家提出了不少闪耀着光辉的经济观点，成为中国古代经济思想的高峰。比如，道家的主要经济观点是"均富"和"知足"；儒家强调伦理规范对经济活动的制约作用；墨家则宣扬人与人之间应"兼相爱，交相利"，提倡节用；法家重视农业生产。先秦各家的经济观点，对后代经济活动起着极为深远的影响。

"经济"一词，西晋时开始出现，东晋时正式使用。在这之前，有关的经济活动都被称为"食货、货殖、理财"等。"食"主要指农业，"货"主要指手工业，"二者，生民之本，……食足货通，然后国实民富，而教化成。"（班固《汉书·食货志》）意思是说，粮食富足，货物可以流通，国库才充实，人民生活才富足，然后才可以治理得较好。

人类社会的经济活动，只要有序地进行，就需要管理。古代中国，随着技术和生产工具的改进、社会关系和经济制度的变迁，经济活动日益变得广泛而复杂，并且出现了一大批诸如管仲、范蠡、贾谊、晁错、桓宽等宏略于胸的经济学家，他们古老却富有生命力的经济思想，不但对中国古代经济发展有着深远的影响，而且对我们今天依然有启迪意义。其中，被后世经商者赞誉为"陶朱事业"的范蠡，生财有道，富好行德，尤其值得称赞。

范蠡

### 商圣范蠡

范蠡（前536—前448），字少伯，春秋战国末期楚国宛（今河南南阳）人，著名的政治家、军事家、经济学家。他一生三迁，三次经商都成为闻名遐迩的大富豪。后人称之为"陶朱公"，民间称之为"财神""商圣"。

范蠡幼时家境贫寒，但从小就酷爱读书，他聪明睿智，胸藏韬略，十几岁就学富五车。他不仅拥有渊博的学识，而且有独到的思维见解及宠辱不惊、泰然处事的能力。范蠡年轻时，和他接触的人都说他是疯子，因为他思考问题深刻透彻，常和周围人的观点不同，有时语出惊人，使人目瞪口呆，没法理解。

范蠡在20岁时遇到文种，两个人一见如故，相约要建立功业，共同做一番大事。然而当时楚国贵胄专权、政治紊乱，范蠡的才华不为世人所识。于是，范蠡离开楚国来到越国，为越王策划了"十年生聚，十年教训"的复国之策，最终帮助勾践消灭吴国，成就霸业。吴国被彻底灭亡后，勾践举行庆功宴会，分封功臣，范蠡官至上将军，仅于勾践一人之下，百官之上。此时范蠡在巨大的成绩面前没有被冲昏头脑，而是冷静地分析了局势，他深知"飞鸟尽，良弓藏；狡兔死，走狗烹"的道理，也就是说，天下已经太平，这个时候本来功高盖主就是很危险的，容易让君王感觉受到威胁，加之多年的相处，范蠡发现勾践是一个可共患难但不可同富贵的人，自己官居极品，树大必然招风，于是果断地弃官而去。范蠡在离开越国的时候曾留给文种一封信，劝文种也马上离开，可惜文种在高官厚禄面前没有做出明智的选择。范蠡走后不久，功劳仅次于范蠡的文种被勾践借故杀死。

范蠡携妻儿与弟子、门客悄悄来到齐国，改名换姓，化名鸱夷子皮，自此隐姓埋名，开始了他另一段同样辉煌的人生旅程。

范蠡购买了一些海边的土地，他辛勤劳作，兼营渔业捕捞等事业，很快积累了数千万家资。他一反商家精苛细算、盘剥敛财的做法，对待雇工十分慷慨亲和。每逢遇到灾年减产，他就减免地租，同时，他还大开粥场赈济灾民。因此，各国商人都愿意和范蠡做生意，工匠与农民也愿意为范蠡做工。

有一次，范蠡缺少资金周转，向一个富户借了10万钱。一年后，这个富户带着各家的借据出门讨债，不慎包裹掉到江中，几十万钱的借据和路费都没了。他恰好走到范蠡家，在没有任何借据的情况下，范蠡不仅连本带息还了钱，还额外赠送了一笔路费给这名富户。范蠡怜贫恤苦、仗义疏财的美名广播天下。短短几年时间，范蠡就成为了齐国首富，家资巨万。

据说后来齐王听说后，就把他请进都城临淄，拜他做了相国。为相期间，范蠡大力发展经济，促进齐国与其他诸侯国之间的贸易往来。三年之后，齐国国富民强，百姓奉范蠡为神明，朝野中也是颂德声一片。就在此时，范蠡却再次辞官，他感叹地说："居家则拥有千金之产，居官则达到卿相之位，对于一个白手起家的老百姓来说，这已是到了极点了。长久地处在尊贵的位置上，只怕是不祥的征兆啊。"于是将相印归还齐王，把钱财分与知交好友及周边百姓，自己带着妻儿又悄悄离去。

后来，范蠡在陶地（今山东定陶西北）隐居下来。陶地东邻齐鲁，西接秦郑，北通晋燕，南连楚越，是个理想的经商之地。范蠡两手空空，又再次开创家业。他根据时节、气候、民情、风俗等，转运货物，顺其自然，待时而动。没过多久，又成了大富翁。

可见，范蠡有异常出色的经商才能。比如有一次，他在齐国时看到吴越一带需要好马。他知道，在齐国收购马匹不难，马匹在吴越卖掉也不难，而且肯定能赚大钱，难的是将马匹由齐国运到吴越。千里迢迢，人马住宿需要费用，而且兵荒马乱期间，沿途的强盗也很多。后来，他了解到齐国有个巨商叫姜子盾，经常贩运麻布到吴越，而且已买通了沿途的强盗。于是，范蠡有了主意。他写了一张榜文，张贴在城门口，其大意为：范蠡新组建了一支马队，为开业酬宾，可免费帮人向吴越运送货物。不出所料，姜子盾主动找到范蠡，求运麻布。范蠡满口答应。就这样，范蠡与姜子盾一路同行，货物连同马匹都安全到达吴越。马匹在吴越很快卖出，范蠡因此赚了一大笔钱。

据说今天还在使用的"秤"也是范蠡发明的。他在经商中发现，人们在市场上买卖东西是用眼睛来估量的，这样很难做到交易公平，于是范蠡一心要发明一种可以准确测量货物重量的东西。后来有一天，他偶然在乡间看到一位老农用一种一头吊了石头的木架装置汲水，很是省力。受此启发，他发明出了秤。

此外，传说范蠡还是酱的发明者，是造缸能手，因此被太湖一带的工匠尊称为"造缸先师"。

范蠡一生著作颇丰，除了留给后人多部治国之策与兵法，经商方面他还著有《致富奇书》《陶朱公术》等书，还写了一部中国最早的也是世界上第一部论述养鱼的著作《养鱼经》。

范蠡一生，两次官至极位，三次富甲天下，每次富达千金又都施济天下，但不久后又迅速再至千金。司马迁在《史记·货殖列传》中盛赞范蠡："忠以为国，智以保身，商以致富，成名天下。"从政，范蠡奉行了一个臣子的忠义；为商，又尽了一个商人的良心。因此范蠡赢得了世人的尊重，被尊为华夏商人的圣祖，人们称他为"民间财神"。

## 第三节  盐宗管仲

　　盐铁专卖,又称"盐铁官营",是中国封建社会政府为打击富商大贾、增加财政收入而实行的对盐和铁的垄断经营政策。

　　盐铁专卖制度始于春秋时期齐国管仲提出的"官山海"政策,即对盐和铁一起实行专卖。"官海",即齐国政府明确规定,食盐属于国有,规定百姓在特定时间、特定地区煮盐,政府设置盐官,最后由政府统一收购、统一运输、统一销售。"官山"与此类似,即国家把铁矿开采交给百姓承包,并根据产值按比例分取利润。

　　盐铁专卖使封建国家获得了可观的收益,特别是盐,一直是历代封建政府牢牢掌握的最重要的专卖商品,其收入是历代政府的重要财源。盐铁专卖制度在管仲之后都受到各朝重视。比如,秦代商鞅变法,控制山泽之利,实行盐铁专卖;汉代时,汉武帝迫于财政压力,在桑弘羊的主持下实行"笼盐铁";特别是宋元明清这千余年间,盐课收入已成为朝廷仅次于田赋的第二大财政来源。

　　管仲的盐铁专卖思想传承至今,影响深远,成为春秋以后长达2000余年的中国食盐专卖制度的滥觞,后世因此尊管仲为"盐宗"。

## 盐宗管仲

管仲（约前723—前645），字仲，史称管子，春秋时期颍上（今属安徽颍上县）人，中国古代著名的经济学家、哲学家、政治家、军事家，被誉为"圣人之师""春秋第一相""华夏文明的保护者"。

管仲一生有多个身份。首先，他是一位出色的政治家，历史上管仲相齐，辅助齐桓公，使齐国成为春秋五霸之首；其次，他还是精明能干的商人，和鲍叔牙一起合伙经商，赚得盆满钵满。连孔子都感叹道，要不是管仲辅佐齐桓公做诸侯霸主，一匡天下，我们恐怕都要成为蛮人统治的披头散发的老百姓了。

管仲少时丧父，从小家境贫寒，20岁左右的时候认识了鲍叔牙，二人想一起做点小生意。鲍叔牙十分通情达理，他知道管仲家里没什么家产，因此在资金上，鲍叔牙出得多一些，管仲少一些。经过二人的共同努力，小生意渐渐有了起色，他们赚了些钱。但管仲没有将二人合赚的钱入账，而是先还了债。更离谱的是，在年底分红的时候，鲍叔牙还把自己的一半都给了管仲。鲍叔牙的伙计都看不惯管仲的行为，鲍叔牙却说："管仲不是贪财，而是他家里穷。"

后来齐国和邻国交战，他俩一起奔赴战场，两军一交锋就打得不可开交。而在冲锋的时候，管仲总是躲在众人的后面，跑得很慢；撤退的时候，管仲却又远远跑在军队的前面。大家都讥笑地说他是贪生怕死之人。鲍叔牙

管仲

却解释说:"管仲不是贪生怕死之辈,而是因为他家里有老母亲需要奉养!"管仲听了鲍叔牙的这番话,感动得流下了泪。没过几年,管仲的母亲因病去世,管仲果然如鲍叔牙所说,尽心竭力作战,为国家效力,很快就得到了提拔。后来,管仲之所以能相齐成霸,是与鲍叔牙的知才善荐分不开的。管仲曾感动地说:"生我者父母,知我者鲍子也!"中国成语中的"管鲍之交",即源于此,用来形容两人的友谊深厚。

管仲在鲍叔牙的举荐下,与齐桓公冰释前嫌,并尽力为齐国效力,功绩卓著,他对内整顿朝廷,对外"尊王攘夷",扶助齐桓公"九合诸侯,一匡天下"。尤其是管仲在做了丞相之后,第一件事就是大力发展经济。他认为,治国必先富民,人民生活有了改善,才会使国家的国力得到提高。于是,"仓廪实则知礼节,衣食足则知荣辱"的传世名言便由此而出。

管仲是中国乃至世界上国家宏观经济管理的始作俑者。他为齐国制定的经济政策,不只是取得贸易顺差而已,而是掐住了别人的经济命脉,牵着市场的鼻子走。最著名的就是盐铁专营制度。在此基础上,他还发明了影响至今的"寓税于价"并"取之于无形,使人不怒"的税收制度。

有一回,齐桓公问管仲:"楚国产黄金,我国产盐,燕国也产盐,你说这经济格局该怎么利用?"管仲说:"资源多了是好事,但管理利用不好,再好的资源也会变坏。我有个法子,能把楚国的黄金变到我们这边来,让咱们齐国的男子不耕种就有饭吃,齐国的女子不用织布就有衣穿。"

齐国临海,盛产海盐,好多诸侯国的盐都得从齐国买进。以前齐国的贩盐商人多,盐的价格一直都偏低。根据管仲的建议,齐国把盐场收为国有,规定以后只能由国家统一卖盐。然后齐桓公下令集中全国的力量,一面制盐一面储存,从头一年的十月到第二年的正月,国库里一下子储存了36000钟食用盐;与此同时,国家还用行政命令禁止沿海居民私自制盐，集中一切生产优势，坐逼盐价上涨。不久，盐价上涨十倍。这些高价盐肯定不能留在国内消费，要把它们卖到邻国去。对于魏国、赵国、宋国、卫国这些诸侯国而言，盐是战略物资，既要消耗，又要储存，用盐量尤其大。

齐国把盐价定得那么高，但其他国家不得不买这些高价盐，所以一下子换来11000斤黄金。齐桓公看到这些黄金储备，高兴地问管仲："接下来怎么办？"管仲又出了一个主意：凡是来纳贡缴税的，都得用黄金，非黄金不收。这时齐国的黄金价格因此大涨。

这种盐铁专营制度对后世政权产生了重大的影响。因为盐铁的不可或缺性，国家通过控制，实际上向每一个人都变相地征收了赋税，而在表面上，民众似乎没有纳税。这种巧妙的治国理念一直延续数千年，据说这也是中国与西方各国在经济制度上的最大差异所在。

管仲还发动了人类历史上的第一场货币战争——"衡山之谋"。衡山国夹在齐鲁之间，他们擅长制造一种很厉害的攻城机，齐桓公想打败他们又怕打不过，就让管仲想办法。管仲发现衡山国制造一台攻城机需要一年半的时间，于是他不计价格，以高价进口这种机器，还煞有介事地付了丰厚的定金。燕国、秦国等强国一看，齐国这是在扩充军备要打仗啊，于是也加入到军备采购的行列。衡山国乐开了花，衡山国百姓纷纷放弃农业转而打铁。连衡山王自己都私掏腰包，暗地里进行了投资。上行下效，大家都去赚钱，自然就没人进行基础农业建设了。慢慢地，田园开始荒芜，可狂热的人们并没有觉得有什么不对。

这时，齐国乘机前往其他国家大肆收购粮食，全天下的商人都将粮食卖给齐国。待粮食价格被炒高之后的第五个月，齐国突然宣布封闭关卡、停止收购粮食和衡山国兵器，宁肯将丰厚的定金赔给衡山国,也要取消全部攻城机的订单。燕国、秦国也纷纷取消了订单。此时,衡山国已无粮可用,又无处购买粮食,兵器也被卖了个精光。这时,齐国突然发起进攻,衡山国君只得奉国降齐。

  总之,在管仲为政40年的历史中,他又以类似手法消灭了多个诸侯国,比如高价采购楚国的生鹿、代国的狐皮、鲁国的丝绸。他还和齐桓公联手打出"尊王攘夷"的旗帜,表面看来是政治阴谋,其实也是通过周王的权威,重新制定天下的经济标准,来达到为齐国谋取丰厚经济利益的目的。管仲的经济策略,一手把齐桓公推上了春秋第一霸主的地位,让齐国国富民强,使临淄成为当时世界上最繁华的都市。纵然在他死后,他所推行的经济管理制度仍能让齐国在数百年的乱世之中屹立不倒。

## 第四节　关市外贸

古代中国人不仅创造了灿烂的文化，开拓了辽阔的疆域，而且对外贸易也很发达。对外贸易促进了中国与世界经济的交流，对人类生产发展和文明进步做出了重大贡献。

中国在先秦时就出现了部落间、诸侯间的贸易关系。春秋时代开始与西欧进行海上丝绸贸易关系。西汉时，不仅发展了海上丝绸之路，还开创了陆路丝绸之路，与西域各国进行商品往来、文化交流。唐代时，国内商业的繁荣，不仅与边疆少数民族建立了密切的商品交换关系，同时也与世界上许多国家建立了密切的贸易关系，京城长安因其繁荣的经济成为对外贸易的国际大都市。宋代通过中外贸易的关系，还把中国的"四大发明"传到了

丝绸之路遗址

欧洲，为西欧资本主义社会的诞生，提供了科学物质技术条件。明代，郑和七次下西洋，更是大大发展了同西洋各国的海上贸易和友好往来。

总之，无论是先秦的对外贸易，还是秦汉以后各代的对外贸易，古代中国人都顺从自然条件、资源生产特点，趋利避害，调剂余缺，以平等、友好、互利的原则，进行贸易往来。因此，中国古代的关市外贸，不仅促进了各民族间的文化交流、民族融合，而且也促进了与世界经济的交流发展。

## 一　张骞出使西域

2000多年前，西汉时期著名的外交家、旅行家、探险家、"丝绸之路"的开拓者张骞两次出使西域，开通了举世闻名的"丝绸之路"，成为"睁眼看世界"的华夏第一人。张骞"敢

为天下先"的开拓进取精神以及坚韧不拔的毅力,深深地影响着后人。

张骞(前164—前114),字子文,汉中城固(今属陕西)人,时任郎官,也就是皇帝的随从。汉武帝发现张骞为人忠诚,身体强壮,学识丰富,讲究信义,有勇有谋,又富于冒险精神,就正式任命他为大汉使臣,持节出使月氏国,商讨双方结盟,共伐匈奴。

公元前139年,张骞率众一百多人,离开长安,踏上了漫漫征途。其中有个叫甘父的匈奴人,充当向导和翻译。张骞和甘父很快结成生死与共的兄弟与挚友。他们在穿越河西走廊时,遇匈奴骑兵并被抓获,继而被押送至匈奴王庭。匈奴单于发现张骞是汉朝使臣,便对他严加审讯,威逼他供出出使何方,目的何在。张骞坚贞不屈,只说是出使西域,为了探险及探查黄河源头。单于

丝绸之路

见威逼不成，则改以利诱，要张骞投降匈奴。张骞严词拒绝。单于无计可施，决定把他长期扣押。这一扣押，就是整整十年。单于还强令张骞娶了匈奴之妻，并生下孩子。但是张骞一直保持着汉朝使者的符节，没有丢失。

后来趁着一个机会，张骞领着甘父匆匆逃离了匈奴，决定再次出使位于河西走廊西端的月氏国。他和甘父一路跋山涉水，风餐露宿，饱受了各种艰辛和饥渴的煎熬。可是当他们到达时，发现月氏国迁移到更遥远的西方去了。张骞义无反顾，决意继续西行，最后终于找到了月氏国。月氏国国王给张骞以使臣的礼遇和招待，但表示不愿再回东方与匈奴作战。张骞的使命完成了，于是他踏上归途。他去西域时走的是北道，返回时改走南道，不料又被匈奴骑兵抓获。张骞又见到了妻子儿子，一家三口抱头痛哭。一年之后，匈奴发生内讧，张骞趁机带领甘父、妻儿一起回国。历时13年，他们终于又回到了朝思暮想的祖国的怀抱。

回国后，张骞向汉武帝复命，交还节杖。这时节杖上的饰物早已脱落，只剩下磨得锃亮的长杆。张骞向汉武帝汇报了他出使的经历，并介绍了西域各国包括地理位置、人口、城邑、兵力、特产、生活习俗等情况，十分详尽。从张骞口中，汉武帝和大臣们第一次知道了中亚、西亚、南亚的真实情况。那里地域辽阔，山水雄奇，国家众多，风俗特异，不仅有毛毡、香料、美玉、葡萄、石榴、西瓜、黄瓜、核桃、苜蓿等丰富的物产，更有骆驼、孔雀、汗血马等珍奇的动物。汉武帝听后，兴奋不已，说道："人常说山外有山，天外有天。张骞出使证明此言不虚。我等生活的这个世界，大得很哪！"

公元前119年，汉武帝命张骞第二次出使西域，使命是交好乌孙国（今哈萨克斯坦巴尔喀什湖东南），同时通使其他国家，开展商贸活动。于是，张骞率使团三百人，携带数万头牛羊及大批丝绸、茶叶、瓷器、铁器等，穿越已属汉朝疆域的河西走廊，顺利到达了乌孙。张骞在乌孙派出副使，分别前往大宛、康居、大月氏、大夏、安息、身毒、于阗等国，通好通商。张骞完成使命回国，一年后病死。又过了一年，各副使陆续归来，有的还带回外国使臣，使臣朝拜汉武帝后，表示他们所在的国家愿意臣服于汉朝。从那以后，汉朝与西域各国建立了政治、经济、文化之间的紧密联系，东西方形成了一条通好通商的友谊大道，称为"丝绸之路"。

"丝绸之路"是东西方贸易交流之路，也是东西方对话之路。这条路由张骞开辟，起始于长安，是一条连接亚洲、非洲和欧洲的古代陆路的商业贸易路线，它横贯东西，融通欧亚，被千古传颂。古代文明在这里开始传播、交融。这也是一条承载了政治、经济、文化交流的和平之路，它繁荣了1700多年，在国际上产生了极大的影响，成为跨越千年的永久记忆。

丝绸之路路线图

## 二　玄奘取经印度

丝绸之路的畅通繁荣，又进一步促进了东西方之间思想文化的交流。唐代时，高僧玄奘由陆路经中亚往印度取经、讲学，历时16年，后著《大唐西域记》一书。书中记载了当时西域及印度各国的政治、社会、风土人情，至今仍为印度学者研究历史的重要资料。玄奘被誉为中外文化交流的杰出使者。中国古典神话小说《西游记》写的是唐僧赴西天取经的故事，这位僧人的原型就是玄奘。

玄奘（602—664），洛州（今河南洛阳偃师）人。他出身于世代为官的名门望族，具有良好的文化素质。13岁时，他出家为僧，刻苦钻研佛教典籍，遍访名师，佛学知识大有长进。然而玄奘并没有满足于已经取得的成绩，为了探求佛学教义的真谛，求取原本真经，他决心前往佛教圣地天竺。

627年，玄奘越过了唐朝边关——玉门关，行走在西行的沙漠中。浩瀚的沙海本就无路，只有零落的白骨时隐时现地充当着指引方向的路标。玄奘不仅迷失了方向，而且在取马背上的水袋时，失手将其翻落在地上，袋中的清水洒得一滴不剩。在茫然不知所措的绝望中，他不得不决定原路返回，可是当他想起临行前立下的"不到印度，绝不东移一步"的誓言，立刻调转回头，义无返顾地继续西行。终于，

玄奘负笈图

经过了一年险象环生的长途跋涉，玄奘于628年进入天竺。到达天竺后，他访师学佛，勤学苦修，进一步增长了学识，开阔了眼界。

645年，玄奘西行17年后载誉而归，此行往返25000公里。当他返抵长安时，受到了大唐天子唐太宗的热烈欢迎。唐太宗与玄奘畅谈了十几个小时，兴趣盎然地听取了玄奘旅途的所见所闻，但仍未尽兴。于是他指派了一位僧人作为玄奘的助手，把玄奘游历十几年的见闻记录下来，整理成书。646年，这部名为《大唐西域记》的不朽著作终于完成了。

该书记录了西域和天竺等共138个国家和地区的都城、疆域、地理、历史、语言、文化、生产生活、物产风俗、宗教信仰等情况。书中除生动描述了阿富汗巴米扬大佛、印度那烂陀学府等圣迹外，还记录了很多传说故事。

比如书中记述了这样一段养蚕技术西传的故事：西域有个叫瞿萨旦那的王国，曾多次派使臣前往东国去求蚕种、桑种，东国国王不想外传，并下令边关不准出口。瞿萨旦那王于是向东国求亲。迎亲使者告诉公主他们那里没有桑蚕，如果以后想做丝绸的衣服，就请公主设法带些种子来。于是，公主悄悄地把一些桑蚕之种藏在帽子里带到了瞿萨旦那，并在一个叫射鹿的地方开始种桑、养蚕。后来射鹿为此修了一座庙宇作为纪念。玄奘西行时还见到了庙中的数株枯桑，那是公主来时种下的第一片桑林。

玄奘是中国佛教史上伟大的译经家，他开辟了中国译经史的新纪元，同时他还积极讲经弘法，热心佛教教育，使门下人才辈出。玄奘的译经传教，使长安成为当时世界佛教的中心，日本和韩国的僧侣也纷纷投奔到玄奘门下，把中国的佛教传到了各国。玄奘不仅是沟通中印文化的导师，更使东亚各国千余年来浸润在中印两大文化之中。

## 三　郑和下西洋

走向海洋，寻求更为广阔的发展之路，是古代中国人孜孜以求的美好愿望。早在2000多年前的秦汉，人们就开始了走向大海的探索。秦始皇在位时，曾5次巡视天下，4次到达东部大海；他还曾派遣一位叫徐福的人出海远航。那时的海洋在人们心目中充满神秘色彩，甚至被认为是神仙的国度。到了1000多年前的唐宋时期，中国与周边国家的海上通路基本形成，各国之间的交流往来十分频繁。不过，在中国历史上真正把"走向海洋"列为国策的是明朝。

明朝永乐皇帝在位期间，国富民强，实力雄厚，在经济生产、科学技术和文化教育等方面都处于世界领先地位。当时，对外交往的陆路通道，早已通达四方，而中国东南部面对的却是茫茫大海。为了进一步加速明朝的发展，敞开国门，走向世界，永乐皇帝决定派遣郑和下西洋。

郑和（1371—1435），本姓马，后明成祖赐姓郑，小名三保，回族，昆阳（今云南晋宁）人。郑和历任永乐、洪熙、宣德三朝太监，被认为是中国伟大的航海家、外交家和军事家。

1405年，江苏太仓刘家港。海面上，200余艘船只组成的远航船队编队完毕，无数的白帆点缀在蓝天碧水之间，送行的鞭炮声、锣鼓声响成一片。随着总指挥郑和的一声令下，鼓足风帆的船队向着浩瀚的大海驶去，一场持续了近30年的大规模航海行动拉开了帷幕。

这是一支庞大的船队，完全按照远洋航行和军事组织的标准编成。船队组织严密，既可以贮藏运载，又可以指挥作战。船上不仅携带了航海图、罗盘针，还满载着金银、绸缎和瓷器等珍贵货物。船队航行白天用指南针导航，夜间则用罗盘和观测星斗来保持航

郑和下西洋图

向。郑和七下西洋,每次出动的船只都在200艘上下,航船的种类多样,有宝船、马船、粮船、坐船、战船、水船等。而且每次出海的人数很多,都在27000人左右,包括军事人员、航海技术人员、管理贸易的书算人员,还有翻译、医生等,分工十分合理。

寻求和平与发展,自古以来就是中国对外关系的指导方针。郑和在受命执行航海使命时,永乐皇帝就告诉他:"你率领的是一个同海外进行沟通交流的和平使团,目的是寻求友谊与合作,与周边国家互惠互利,共同发展。在国际交往中,要宽宏大量,厚往薄来,不要失了大国风范。"事实证明,在长达28年的航海生涯中,郑和曾多次本着"和为贵"的理念处理可能发生的冲突和危机。一次在爪哇岛上,郑和船队有一百余人遇害。尽管群情激愤,但考虑到对方是出于误会才加害船队的,再加上他们又诚恳谢罪,郑和没有凭借自己强大的武力进行报复,而是宽恕了他们。

郑和船队只有3次在面对海盗和掠夺者袭击时,被迫采取过军事行动。其中,有个叫陈祖义的海盗头子,时常率众出没在东南亚一带的海上，他们掳掠商船，杀人害命，作恶多年。当他们偷袭郑和船队时，没想到郑和早已得到了密报，并早早做好了准备。随着一声炮响，无数明军跃上敌船，与海盗们进行殊死搏斗，最后盗匪全军覆灭，陈祖义被擒。此举为东南亚一带海域除去了一大安全隐患，因此郑和船队深受友邦赞许。

郑和船队每到一处，都会先面见当地的国王、首领，并送上金银、钱币、瓷器、丝绸等礼物，表示希望同他们友好交往和通商贸易的诚意。郑和船队还用带去的货物在当地进行交易。中国的青花瓷、丝绸织品、茶叶、漆器、金属制品等，受到当地居民和商户的普遍喜爱。同时，郑和船队也从当地购买或换取了香料、胡椒、珠宝、木材等100多种土特产。他们的友善和诚意赢得了周边国家的信任，中国与许多国家建立了持久的良好关系以及平等互利的贸易往来。

郑和7次远航，前后近30年，航程10万里，是中国历史上空前未有的伟大壮举。它是中国古代规模最大、船只最多、海员最多、时间最久的海上航行，比欧洲多个国家航海时间早几十年，是明朝强盛的直接体现。郑和率领船队多次战胜大洋中的惊涛骇浪，表现了中华民族开放进取、经略海洋和敢为天下先的精神，同时也增进了中国人民与世界各国人民之间的友谊，促进了明朝同东南亚、西亚和东非各国之间的经济文化交流。

第三章 交通通信

回顾人类社会文明的进程,交通通信的发展轨迹同时历历在目。交通通信的进步,总是同社会文明的发展呈同步趋势。而文明的一切成就,如技术的革新、科学的发明以及社会组织管理方式的进步,通过交通通信又得以迅速扩大影响,从而推动历史的前进。

古往今来,许多国家都曾有过交通通信的历史。中国古代的交通通信,却具有自己的独特形式。远古时期,华夏祖先学会了制造工具,随后就在狩猎活动中,开始了有目的地进行信息传递的活动。最原始的信息传递方式是呼叫、打手势。这是信息传递的初期形式。随着社会生产力的发展,传递信息的方式方法也随之进步,古人开始利用声音、火光、书信、驿使、水路来传递信息。中国商周时期的驿递方式已经比较完备。秦汉大一统国家形成之后,邮驿系统更为健全。唐宋时代除陆驿外,水驿也有较高的效率。元代的邮驿更是得到空前的发展,明显体现出领先于世界的水平。

邮驿,是中国古代特有的一种交通通信形式。有人曾把邮驿系统称作"国脉"。可以说,中国古代文明能够长久焕发出蓬勃的生机,有多种因素的作用,其中包括邮驿系统的建立和健全。中国古代邮驿对于社会生活,对于民族文化,如同血脉,是中国文明创造的杰作之一。

# 第一节　击鼓传声

古时候，人们究竟用什么样的通信方式呢？史书上没有留下详细的记载。但是，民俗学的材料告诉我们，原始社会的居民，确实已经在进行各种各样有趣的通信活动了。远古时期原始部落，群体小，活动范围不大，人们共同生活共同劳作，其话语、手势、面部表情就可传递信息，或者用敲木棒、击石缶的方式来召集众人。后来出现了部落联盟以及国家，由于人多地广，人们传递信息的方式方法也要随之进步。于是就出现了早期的音传通信，即利用声音传递信息。

## 一　锣鼓传信

借助锣鼓来传递信息，即人们用鼓（铜鼓、皮鼓）声、号角（牛角、海螺、羌笛）声传递信息，以声音高低、音调节拍变化传达不同的信息。不同地区、不同场合传递信息的方式有所不同。在乡镇，打更的人定时敲击木梆，以不同的击打数来报知不同的时辰。大城市里，东区设有钟楼，西区设有鼓楼，人们使用晨钟暮鼓来传递信息。在军事上，用号角鸣声，或金鼓喧天，预示出征或安营扎寨。

远古传说中，据说尧为了鼓励人民提意见，曾设置了木鼓。如果谁有建议或不满，可以击鼓示意。这种方式与至今尚在非洲大陆流行的"鼓邮"颇为相似，即鼓手能在两面或多面鼓上敲击出不同的声音和节奏，表达不同的意思，起着邮传通信的作用。可以推断，中国使用击鼓传递信息，最早是在原始社会末期。

据甲骨文记载，商纣王时期，已经普遍利用了音传通信的手段，即负责击鼓的人跪守在鼓边，边地的诸侯一旦发现敌情，便通过响亮的鼓声来传递信息。这是古代的一种边报。说明商代末年已出现了有组织的音传通信活动，最广泛的使用是在当时的边境地区。

## 二 擂鼓鸣金

擂鼓鸣金，是古代局部战争中必备的通信工具，类似于今天部队的号令。在战场之上、万人厮杀中，士兵们往往把注意力放在了对付敌人上。为了方便主将下达出击和撤退的命令，就利用不同的声音去传达命令意图。因此，擂鼓出击，鸣金收兵，成为定式。

春秋时期，早期的音传通信活动仍在发展，越来越被军事家们所广泛采用。当时著名的军事家孙武，在自己的兵法中，把金鼓与旌旗喻为人的耳目；而他的后辈孙膑更明确指出，在发现敌情时，"夜则举鼓，昼则举旗"。这些都是声音在军事上的运用。

《左传》"曹刿论战"也记载了利用声音进行军令信息的传递。书中曹刿说道："作战靠士气。第一次击鼓能振作士兵们的士气，第二次击鼓时士气减弱，到第三次击鼓时士气已经耗尽了。敌方的士气已经耗尽，而我方的士气正旺盛，所以我们才能战胜他们。"

春秋时期，音传通信也曾闹过一次很有趣的笑话。据《韩非子》记载，楚厉王有一次喝得酩酊大醉，在宫中擂起了大鼓，弄得都城惶惶不安，以为有什么重要的军事行动或重大敌情，于是大家都纷纷拿起武器集结在王宫门前。结果弄得楚厉王很尴尬，只好出来向大家道歉，说这只是一场虚惊。

后来在《三国演义》《水浒传》《说岳全传》等古典文学作

品中，也常有"一声炮响为号"的说法，"炮响为号"也是军令信息传递的一种方式。

此外，《说岳全传》中还有一段故事叫作"梁红玉擂鼓战金山"。梁红玉是南宋著名爱国将领韩世忠的妻子，她随夫征战南北，屡立功勋。南宋建炎四年，金太宗完颜晟趁南宋建国未稳，以金兀术为统帅，率军十万南下攻宋。在长江水面，宋朝主将韩世忠率水师八千迎敌。其夫人梁红玉亲自擂鼓为号，击鼓则进，鼓住则守，鼓声震天。韩世忠率领的宋兵听到如雨倾泻的鼓点，士气高涨，越战越勇，与金兵在宽阔的江面上展开了一场殊死搏斗。最终，韩世忠以少胜多，大败金兀术，将金兵围困黄天荡，大有一举歼灭之势。只可惜内奸通敌，金兀术得知脱身方法后，趁夜挖通河道，仓皇而逃。韩世忠和梁红玉这一战，仅以八千宋军就大破十万金军，名震华夏，也让往日不可一世的金军吓破了胆，再也不敢随便过江南侵。

## 三 铃铛传音

古代还有一种利用声音传递信息的方式，即用马脖系铜铃铛发出响声的方式，这种方式首先用于战马和驿马。

战马系铃铛，马嘶铃响，可以传播军威信息。当然，偷袭时要摘下铃铛，并用小木棒勒入马嘴，使其不能鸣嘶。

驿马，是中国古代为国家传递公文、传递军事情报以及战略物资的一种马。驿马系铃铛，驿递奔驰时，铃铛响声不停，行人立即闪开让路；驿站的驿卒听到远处驿马的铃声，立即做好接替准备，驿马一到，驿卒便接过信札，翻身上马，继续跑向下一站。

这种利用声音来传递信息的方式，后来又用于防空警报以及轮船、火车启航或到达的信号。

## 第二节　烽燧狼烟

除了利用声音，古人还利用火光传递信息。光比声音传播快，只要没有林木、山陵遮掩，人们便可以见到很远很远的火光。火光越大越高，越远的人就能看见。古人将此利用在军事上，这是古老而行之有效的信息传递方式。

### 一　烽火传军情

"烽火"，是中国古代用以传递边疆军事情报的一种通信方法。烽火台又称烽燧、烽堠、墩堠、烟墩、墩台等。用于点燃烟火传递重要消息的高台，是古代重要军事防御设施，为防止敌人入侵而建。高台上有驻军守候，一旦发现敌人入侵，白天士兵便立即燃烧柴草以"燔燧"报警，夜间燃烧薪柴以"举烽"（火光）报警。一台燃起烽烟，邻台见之也相继举火，逐台传递，须臾千里，以达到报告敌情、调兵遣将、求得援兵、克敌制胜的目的。

烽火始于商周，延至明清，相习几千年之久。最初，人们在道口田陌之间，竖一大木，上缀毛裘等物，可使信使和行路人在很远的地方就知道站馆所在。后来逐渐形成为防护堡垒，再发展就成了烽火台，台的规模也越来越大，台柱上有烽也有鼓。烽火台的建筑先于长城，但自长城出现后，长城沿线的烽火台便与长城密切结为一体，成为长城防御体系的一个重要组成部分，有的甚至就建在长城上。

烽燧是串在长城上的一颗颗明珠。试想在当年，发现敌情后，第一墩烽燧先燃起烟火，继而第二墩、第三墩……相继燃起。这样的传递是多么的壮观，这在当年又是多么先进的信息传递方式。

古代神话中有一段关于商纣王使用烽火的记载，把中国早期的"光通信"提早到大约3000年以前。据王子年《拾遗记》记载，昏暴的纣王想要吞并邻国诸侯，命令宠臣飞廉到附近邻国去搞颠覆活动，并在当地点燃烽燧向纣王报告。纣王登台看到了烽火燃起处，立刻兴兵前往，消灭了那个国家，然后俘虏了百姓，抢掠了妇女，供己淫乐。这一行动引起了天神的愤怒，于是天神派神鸟下凡，神鸟口中衔着一团闪闪发光的火焰，以惑乱飞廉的烽火之光，致使纣王找不到目标。商纣只好停止了攻伐邻国的战争。这段神话告诉我们，可能在商朝末年，中国已经掌握了用光来通信的技术，比后来周幽王"烽火戏诸侯"还要早400多年。

中国历史上，还有一个为了讨得美人欢心而随意点燃烽火、最终导致亡国的"烽火戏诸侯"的故事。周幽王（前795—前771），是西周的最后一位天子，他十分宠爱褒姒。褒姒不爱笑，周幽王总想逗她开心让她笑，于是想了很多方法，但仍没能使其

汉代烽燧遗址

开颜。周幽王冥思苦想，终于想到了一大绝招。于是，周幽王把褒姒带到临潼骊山山顶，命令士兵点燃烽火台上的大堆柴草，顿时火光冲天，大股浓烟卷上九霄。见此烽火，由近及远的烽火台相继都点燃了，各地的诸侯看见烽火，以为京城受到了敌国的侵扰，立即率兵前往营救。各路诸侯大军云集于骊山脚下，听候天子令遣。周幽王站在高台上笑着说："没有寇警，众卿回去吧。"诸侯们丈二金刚摸不着头脑，不知怎么回事，无奈只得偃旗息鼓退去。褒姒看着各路诸侯威风凛凛而来、沮丧而去的一场大闹剧，忍不住眉舒颜开地笑了。

烽火传递信息，是专用于军事报警的，周幽王以军国大事当儿戏，失去了烽燧信息的"信"。不久，西周都城受到了西方民族犬戎的进攻，当再举骊山烽燧时，各地诸侯以为周幽王又在戏弄他们，因此都按兵不动，结果周幽王被杀死在骊山脚下，西周灭亡。这个故事被后人演绎出"美人一笑，江山不要"的笑语。但同时，这个故事也证明了西周末年烽火传军情已经成为国家固定的通信制度。

烽火台延习几千年之久，它们台台相连，万里相望，为古代中国筑成了一条坚固的防线。至今，我们还可以看到这些军事设施的遗址——一座座烽台巍然高耸，静默无言……

## 二 孔明灯传信

孔明灯，是古人利用火光传信的另一种方式。孔明灯是一种古老的手工艺品，也是中国古代的重要发明之一，有人说孔明灯是当今热气球的先驱。

孔明灯古称"飏灯"，因升扬在空中，又被称为"天灯"；其燃料后来多用松脂，也叫"松脂灯"。早期孔明灯多用于夜间军事活动传递信息，是"信号灯"；现在，人们则把这种灯视为

孔明灯

"许愿灯",多用来祈愿。

相传五代(907—960),有一位女子叫莘七娘,随丈夫在福建打仗时,她曾用竹篾扎成方架,糊上纸,做成大灯,然后在底盘上放置燃烧的松脂,灯就依靠热空气飞上了天空。当时这种松脂灯主要用作军事联络的信号。这种灯笼的外形极像诸葛亮戴的帽子,诸葛亮又称"孔明",因而得名"孔明灯"。

另一种说法是,相传孔明灯是由三国时的诸葛亮发明的。当年,诸葛亮被司马懿围困在平阳,无法派兵出城求救,全军上下束手无策。诸葛亮突然想出一条妙计,他命人拿来千张白纸,制成无数盏天灯,并系上求救的讯息。他算准了风向,再利用烟雾向上的引力使天灯升空。于是一盏盏小小的天灯升起,及时引来援兵,救了诸葛亮一命,使他成功脱险。于是后世就称这种灯为"孔明灯"。

孔明灯发明以后,最早并非民用,而是军用。唐宋时已被成熟运用到军事领域中,一直到晚清,孔明灯都是指挥作战和传递情报的重要工具。后来,放飞孔明灯逐渐演变成祈福的习俗。每到元宵节、中秋节等重大节日,孔明灯都会带着美好的愿望飞向天空。

## 第三节　鱼雁传书

由于科学技术原因，古人利用声、光传播信息受到条件限制，不能传播太远。朝廷传达政令到全国各省府州县，百姓传佳音给宦游或戍边的亲人与朋友，最好的办法是传令一札，修书一封，即利用书信传递信息。

书信，常常赋予生活以美的情趣，其名称也在文人墨客的笔下而变得丰富多彩。在纸还没有发明之前，古人的书信常用一尺左右的白绢来书写，称为"尺素"，所以书信又称"尺素书"。古人除了用绢、布写信外，还把信写在竹片或木片上。因为竹片称为"简"，木片称"札"或"牍"，所以书信又称"书简""书札""书牍""简札""简牍"。简札的长度和素绢一样，都取一尺，因而书信又称"尺牍""尺牒"或"尺书"。

### 一　鱼传尺素

在中国古诗文中，鱼被看作传递书信的使者，所以人们用"鱼素""鱼书""鲤鱼""双鲤"等作为书信的代称。唐代诗人王昌龄有诗曰："手携双鲤鱼，目送千里雁。"这里说的"双鲤鱼"，并非真的两条鲤鱼，而是形若鲤鱼的信函，在此用以代称书信。李商隐有诗曰："嵩云秦树久离居，双鲤迢迢一纸书。"这里的"双鲤",也是指的书函。

信函为何制成鲤鱼之形呢？典出汉代乐府民歌《饮马长城窟行》，辞曰："客从远方来，遗我双鲤鱼。呼儿烹鲤鱼，中有尺素书。长跪读素书，书中竟何如？上言加餐饭，下言长相忆。"意思是说，有远方来客送给蔡邕一对鲤鱼，蔡邕让人剖开鲤鱼烹食，却发现鱼腹中有一尺长的帛书。书信中劝他多加餐饭，同时还表达了对他的长久思念之苦。因这首烹鱼得书的民歌，敷衍出了鲤鱼传书的故事。

其实，这个故事的源流还更久远。中国古代神话中说，早在商朝末年，当姜太公在渭水边垂钓的时候，他就曾捕获一条鲤鱼，这条鱼的鱼肚里有一封信，预告他以后被封在齐地。后来他辅助周武王打天下成功后，果真被封在那里。

关于鲤鱼传书，还有一个传说，据说三国吴人葛玄与河伯书信往来，就用鲤鱼充当信使。《琅嬛记》中的痴情女子，也是手持叶形花笺，到江边寻鱼为之传书。这些神话和故事，当然不都是事实，但却从一个侧面反映了当时民间通信的困难。普通百姓几乎没有专门的通信设备，所以他们只好幻想出让天上和水里的动物来给他们传递家书，以抒发自己的思乡、思亲之情。所以"鱼传尺素"就成了传递书信的又一个代名词。

## 二 鸿雁传书

"鸿雁传书"说的是西汉苏武的故事。《汉书·苏武传》记载，汉武帝时，苏武为出使北方匈奴的使节。后来，匈奴变卦，迫使苏武投降。苏武热爱自己的祖国，誓死不降。匈奴首领单于几次胁迫，苏武几次以自杀明志。最后，苏武后被流放至荒无人烟的北海牧羊。当他冷了，便偎羊取暖；饿了，便掘地鼠拾草籽充饥。眼望雁群秋南飞春北回，熬过了整整19个寒暑。直到匈奴换了一位单于，决定向汉朝讲和。汉朝派使臣前往，使臣提出要见苏武。匈奴人回答:"他早已死了。"随同苏武出使匈奴的助手常惠同时被关押在另一个地方,19年来,也从未屈服。他知道形势变了,于是买通了看守者,见到汉朝使臣,并打听到苏武没有死,于是常惠同使臣设了一计。第二天,汉使仍提出释放苏武的请求,单于仍然回答说他早死了。汉使说:"两国欲要交好,单于就不能欺骗大汉使臣。我朝天子在上林苑中射猎,恰遇一群大雁飞过,举弓射去,一雁坠地,其足上系有帛书,上面是苏武写的信,说他在北海牧羊。"汉使理直气壮,所言既实,又突如其来,单于大感意外,十分窘迫,只得谢罪说:"苏武果真还在,请天使恕我玩笑之言,我立即把他放了就是了。"苏武、常

苏武牧羊图

惠等9人终于回到了祖国。出使时,苏武40岁,回国时已60岁,他的胡须、头发、眉毛全熬白了。

"鸿雁传书"故事是真,十分动人;雁足系书是假,但同样传神。后世文人对此津津乐道,常见于唐诗宋词之中。李白《苏武》诗曰:"苏武在匈奴,十年持汉节。白雁上林飞,空传一书札。"

有关"鸿雁传书",民间还流传着另一个故事。传说唐朝薛平贵远征在外,妻子王宝钏苦守寒窑数十年矢志不移。有一天,王宝钏正在野外挖野菜,忽然听到空中有鸿雁的叫声,又勾起了她对丈夫的思念。动情之中,她请求鸿雁代为传书给远征在外的薛平贵。但是荒郊野地哪里去寻笔墨?情急之下,她便撕下罗裙,咬破指尖,用血和泪写下了一封思念夫君、盼望夫妻早日团圆的书信,让鸿雁捎去。

后来,鸿雁逐渐被诗人们意象化,成为异地恋的情侣间互诉衷肠的媒介。

## 三 飞鸽传书

与鸿雁传书类似的还有飞鸽传书。据说早在2500年前,古人就开始驯养信鸽。传说汉高祖刘邦被楚霸王项羽所围时,就是以信鸽传书引来援兵脱险的。

在历史记载中,信鸽主要被用于军事通信。比如,公元1128年,南宋大将张浚视察部下曲端的军队。当张浚来到军营后,发现军营中空荡荡的,没有一个人影。他非常惊奇,要曲端把他的部队召集到眼前。曲端闻言,立即把自己统帅的五个军的花名册递给张浚,请他随便点看。张浚指着花名册说:"我要看看你的第一军。"曲端领命后,不慌不忙地打开

信鸽

笼子放出了一只鸽子，不一会儿，第一军全体将士全副武装，飞速赶到。张浚大为震惊，又说："我要看你全部的军队。"曲端又开笼放出四只鸽子，很快，其余四军也火速赶到。面对整齐集合在眼前的部队，张浚大喜，对曲端更是一番夸奖。其实，曲端放出的五只鸽子，都是训练有素的信鸽，它们身上早就被绑上了调兵的文书，一旦从笼中放出，立即飞到指点的地点，把调兵的文书送到相应的部队手中。

"鱼传尺素""雁系帛书"，充满了传奇色彩以及浪漫主义的文学色彩，实际生活中大概是没有的。不过，后人却从中获得了启发。人们训练鸽子送信，于是有了"信鸽"送军情。由于古代鱼雁和书信的密切渊源，鱼雁就成了中国早期邮政的象征，如同欧洲一些国家早期邮政以号角、牛角头为标志一样。

## 第四节　邮驿通信

中国的邮驿源远流长，人类诞生起，就出现了各种形式的通信活动。远古时期，通信曾以"击鼓传声"和"烽燧"烟火方式传递。到奴隶制国家建立以后，统治阶级为了治理国家，传递信息，建立了驿站，并通过人马接力传递紧急书简，实行了有组织的邮驿制度。

邮驿也称驿传，是从早期的声光通信和专人送信演变而来的。古代信息传递，最有效、最安全的还是由专人送递。古代的传送，有步传、车传、单骑快马传递等。由邮传与驿站等设施和机构组成的邮驿系统，通常由政府主管，主要为政治军事服务，承担传递文书、接待使客以及转运物资的任务。

邮驿不仅是历代封建王朝的御用通信工具，也是中国有组织管理、有计划部署的官方主管部门，它还同时兼备部分的民间通

邮驿

信职能。古代邮驿被看作"国之血脉",这种信息传递体制既是封建王朝的"血脉",也有中国古代文明的"国脉"之称。

## 一 早期的商代邮驿

从夏朝到商朝,信息传递发展得很快。

《诗经·商颂》曾称赞规模宏大的商朝都城:整齐壮观的王都是四方的表率,商都城内城外,大道纵横交错,四通八达,有11条宽广的大道,其中还有整齐的石板铺的专供车马行驶的"马道",可以直登城墙之上。

为防止不测和旅途的方便,商朝政府还在大道沿线设立了许多据点和住宿的地方,这就形成了商朝最初的驿站制度。

这时,还出现了专门传递信息的信使,消息命令一般由一个专人传送到底,所以信使行途很辛苦,有时还会遇到盗寇蛇虫的凶险。有一片商王祖庚时的甲骨卜辞载,据说有一位信使,从黄昏时分启程,在途中行走了48天,共走了1200里左右,最后终于到达目的地。从这个例子看,距今约3000多年前的商朝,中国驿传已有相当的水平了,在世界上居于领先地位。

## 二 完备的西周邮传

有了夏商的通信设置基础,到西周时,中国的通信邮传制度得以大大发展,并形成了一个比较规整的系统。西周时单骑传书还不多,一般为车传。

从史料上看,西周的通信邮驿,效率是很高的。有一个故事,说周公被封于鲁,姜尚封于齐。姜尚到齐后不讲政策,滥杀了当地两个不服管治的贤士。周公闻听此事后,立刻乘"急传"赶到齐都临淄,制止了姜尚的专断行为。急传能如此及时迅速地赶到,说明当时驿路的畅通。当然,这仅限于西周的中心地区,边陲地方的通讯联系不会这样方便。

据史书记载,西周初年,今两广和越南地区的越裳氏来朝,因为山川险阻,道路遥远,他们担心到达不了镐京,同时派出了三队使臣,分头前来,最后都到了周朝,这使周公十分感动。后来,周公派人送他们回去,走了一年多才返回。可见那时南方大部分地区道路还是相当难行的。

### 三 发展的春秋邮驿

春秋时期邮驿制度的重要发展标志,是单骑通信和接力传递的出现。这是中国邮驿制度史上的一次重大变化。

单骑快马通信的最早记载是郑国子产的"乘遽"。《左传》记载,公元前540年秋天,郑国公孙黑叛乱,正在都城远郊办事的相国子产闻讯,立即赶回。因为怕乘普通的车赶不上平乱,他临时选乘了单骑的"遽"归来,这个"遽",便是那时邮驿中新出现的速度最快的单骑通信。

接力传递的最初记载,也出自《左传》。公元前541年,秦景公的弟弟鍼出使晋国,在秦晋间开通了一条邮驿大道,每隔10里路设置一舍,每辆邮传车只需跑10里便可交给下一舍的车辆。这样一段一段地接力,共历百舍就可以达千里,正好由秦国的都城雍(今陕西凤翔)直达晋国的都城绛(今山西绛县)。这样的接力运输和传送信件方式,自然要比单程车传要快得多。

不过,春秋时期,上述两种先进的邮传方法,还仅仅在少数情况下使用,到春秋晚期,才逐渐普及。

### 四 统一的秦朝邮驿

秦王朝是中国统一的封建中央集权时代的开始。虽然秦王朝仅仅存在15年,但以惊人的速度完成了全国范围的交通和通信网络。

驰道是秦朝道路网的主干。它以首都咸阳为中心,道路四通八达,沿途每10米左右就栽一棵青松,一路绿影婆娑,风景十分美丽。这样的大道遍布全国,在全国形成了一个纵横交错的交通网,大大有利于运输和信息传递。全国性交通网的形成,始于秦代。

彩绘驿使图砖
魏晋画像

秦朝的邮驿统一了名称,"邮"成为通信系统的专有名词。在邮传方式上,大都采用接力传送文书的办法,沿着政府规定的固定的路线,由负责邮递的人员一站一站接力传达下去。邮路沿途都有固定的信使吃饭和住宿的处所,这些处所或称为"邮",或称为"亭"。同时,为了保证公文和书信及时迅速而准确地到达,秦王朝规定了一系列严厉的法律,如邮驿律令《行书律》,是中国最早的邮驿法。中国历史上第一次大规模的平民起义——陈胜吴广起义,就是因为在前往渔阳戍边的途中,遭遇大雨,不能如期到达目的地,根据秦朝法律,过期要斩首。情急之下,陈胜、吴广组织群众,揭竿而起,发动了兵变。

秦朝的通信系统,起着巩固中央集权制度的作用,中央政府可以源源不断地接到各地的情况通报。由于政府规定了地方向上汇报请示必须用书面形式,所以,据说秦始皇每天要批阅的竹木简奏章就重达120斤。秦政府还通过这些通信系统,及时了解边防和民间的动态,以便采取果断的军事措施。

## 五 快速的隋唐邮驿

隋唐邮传事业发达的标志之一是驿的数量的增多。当时的邮驿分为陆驿、水驿和水陆兼办三种。一旦遇有紧急事件，驿马一天最多能跑800里，传递信息的人每到一两个驿站就会换乘一匹马。唐代诗人岑参在其诗中曾描绘过邮驿速度之快。

关于邮驿速度之快，还有这样一个故事。杨贵妃号称中国四大美女之一，她喜欢吃荔枝，到了成熟的季节，她要求每天都能吃到新鲜的荔枝。但荔枝产于南方，多在两广、福建、四川、台湾等地，唐朝的都城却在长安，离最近的荔枝产地也有千里遥远。唐玄宗李隆基为了能让杨贵妃吃到新鲜荔枝，不惜浪费人力物力，为她从长安到四川专门开设了一路邮驿，驿马昼夜飞驰，站站快马加鞭，在累死了很多匹马后，终于让杨贵妃尝到了新鲜的荔枝。晚唐诗人杜牧在《过华清宫绝句》中写下千古名句："一骑红尘妃子笑，无人知是荔枝来"，便是对这件事的嘲讽。这恐怕也是世界上最早、最贵、最快的食物运输吧。

## 六　繁荣的元代邮驿

交通与信息传递事业的发展在元朝达到一个空前的高度。

元朝建立了严密的"站赤"制度，使邮驿通信十分有效地发挥作用。站赤，是蒙古语"驿传"的译音。蒙古人善于骑马驰骋，于是在全国陆路大修"站赤"。从京师大都（今北京）前往全国的驿道，通达东、南、西、北边疆，每距20里或30里便设立一个驿站，全国共有1400余处。驿站都备有驿舍，供驿卒休息或替换驿马。

此外，元、明、清的陆路还设有急递铺，这是步行递送信息的组织，每距10至30里就设一铺。急递铺设有铺兵，实际上不是兵，有点像今天的快递公司，由朝廷拨付经费。驿马飞奔，铺兵疾行，是传递信息的主要方式，保证了政令畅通，国家统一。

当时，意大利旅行家马可·波罗来到中国，他盛赞当时的邮驿，其大意为：这里不仅有宏伟壮丽的建筑物，还有陈设华丽的房间，来往官员住宿条件也非常舒适。驿站负责给使臣配备交通工具，陆行有马、驴、牛等交通工具，水行则有舟，山行有车轿，东北边远地区更有特殊用于冰上的驿狗。

史学家认为，元朝驿站制度之盛是中国历史上少见的，它是"元朝政府的神经和血液网络"，对维持政府在全国广大地区的统治具有重大的作用，尤其对发展中国边疆地区的交通，起着重要的促进作用。元朝的"站赤制度"奠定了明、清两代驿站交通信息网的基本格局。

## 第五节　灵渠运河

几千年来，生活和繁衍在华夏大地上的勤劳勇敢的中华民族，不仅写下了陆路交通的悠久历史，而且开创了水路交通的光辉历程。

3000多年前的商朝，中国水运交通已有所发展。根据甲骨文、金文出土的实物及古籍记载，中国在商朝就能制造木船。在周朝，黄河、长江和珠江领域已有较大规模的内河船。人类在利用天然的内河、湖、海航运的同时，很早就懂得挖掘人工运河，接通天然河道，扩大航运范围。到了春秋战国时期，水路交通不仅利用长江、淮河和黄河等天然河道，而且相继开凿了胥河、邗沟、菏水和鸿沟等人工运河。秦汉时期水运事业有了较大发展，秦朝挖掘的灵渠把长江水系和珠江水系连接起来。汉朝则开辟了沟通东方汉王朝和西方罗马帝国的海上航线。三国时出现了"水驿"，后来甚至发展到用于和西域各国的通信联系。

隋唐时期，中国水运进入了一个新的历史阶段。隋朝时完成了贯穿南北的大运河工程，这是世界上开凿最早、规模最大、里程最长的运河。大运河从此全线贯通，经唐宋的继续发展，最终在元代成为沟通海河、黄河、淮河、长江、钱塘江五大水系、贯通南北的交通大动脉。德国学者利普斯在《事物的起源》这一名著中曾高度评价中国大运河是"人类最早的建筑成就之一，运河的修建把大的水路联系起来，这是非常了不起的事业"。

## 一　最早的越背运河——灵渠

闻名中外的灵渠，是世界上最早的越背运河，具有相当高的科学技术水平，在中国和世界水运史上占据着重要的地位，有着"世界古代水利建筑明珠"的美誉。

灵渠古称秦凿渠、零渠、陡河、兴安运河，在中国广西壮族自治区兴安县境内。它是世界上最早的越背运河。所谓"越背运河"，就是要越过山背，即过分水岭行船。它连接着湘江和漓江，沟通了长江和珠江两大水系，自古以来就是中国岭南与中原地区之间的水路交通要道。

2200多年前，秦始皇统一中国后，为了扩大疆域而调动军队向南方进攻。由于长江流域与珠江流域之间，横亘着巍峨的南岭山脉，陆路崎险，水路不通。为保证军队粮草物资的运输，秦始皇下令开凿灵渠。

公元前219年，秦始皇命史禄负责建渠。通过精确测算，史禄在桂北的兴安开凿灵渠，公元前214年建成，奇迹般地把湘江和漓江沟通连接起来。渠成当年，兵员和补给源源不断地通过灵渠运往前线，秦军因此才长驱直入，势如破竹，岭南地区也正式并入了秦朝的版图。可以说，灵渠开凿伊始，是为国家统一和巩固边防运送军饷所作。

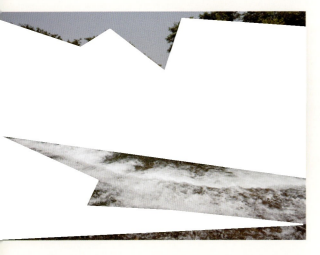

兴安灵渠

全长30多公里的灵渠体现了古代秦人智慧的古朴和简约。湘漓两江存在着十多米的落差，在灵渠的一些地段滩陡、流急、水浅，船只航行十分困难，聪明的秦人便用简单的工具创造了世界最古老的水闸——陡门。其功能除拦水泄洪外，还可以通过调节水位将船只一级级地送入主航道。

聪明的设计者们在南北两渠中共设置了36座陡门，陡门可开可关，水位可升可降。灵渠上游更兼有大小两座天坪，不论多大的洪水，只要超过天坪的水位，都会泻入湘江之中；即便一小部分来不及排掉的洪水，跑不到一公里路程，也会乖乖地顺着"泻水天坪"排入湘水之中。假若碰上大旱之年，巨大的铧嘴将海洋河水截入灵渠，再把36座陡门闭上，水位仍保持在原来的位置上，南来北往的船只照样畅通无阻。

灵渠分水滩

灵渠充分展示了中华民族巧夺天工的高度智慧。为此，灵渠创造了世界上最早的运河、最早的船闸、最坚固的滚水坝、最早的屯田文化等多项世界之最，令当今世界最权威的水利专家也惊叹不已。

这条为秦军平定岭南的水渠，此后成了古代湖广连接岭南的重要水上枢纽，为促进中原和岭南的经济文化交流起到了巨大作用。如今，尽管灵渠作为水上通道的功能已逐渐减弱，但其依旧发挥着农田灌溉、排洪泄洪的作用。

## 二 最长的运河——京杭大运河

中国的京杭大运河与万里长城一样驰名于世界，它是中国古代劳动人民的伟大创举。它北起北京，南至浙江杭州，穿越河北、山东、江苏、浙江4省，沟通海河、黄河、淮河、长江、钱塘江5大水系，全长3560余里，是世界上最长的一条人工开凿河道，

# 格物致知

**京杭大运河**是一项著名的古代伟大工程。

京杭大运河形成于元朝,完善于明清。它非一朝一代之工程,而是几千年来劳动人民开河凿渠、治水漕运智慧的结晶。

元代的郭守敬,就为京杭大运河的开通做出了突出贡献。郭守敬不仅是一位著名的天文学家,更是一位杰出的水利学家,他奉命开凿了大都城的通惠河与山东的会通河,使运河真正成为一条连接古中国的南北大动脉。

1272年,元世祖定都大都(北京),1279年消灭南宋,建立了空前未有的大帝国。元朝的政治、军事中心在北方,而经济重心却在南方。《元史·食货志》记载,元朝政府的财政收入和大都百官、军士、民众的生活物资主要靠江南供给。

而大运河就是保障供给的大动脉。

把运河的水路一直延伸到天子脚下的积水潭,这是郭守敬的一大创举。当时,远航的货物到了通州,在码头装卸、换乘,再进入通惠河,直抵大都城下。这时大码头已非通州张家湾,而移置积水潭了。积水潭至钟鼓楼一带,顿时成为集市与酒楼密布的商业中心。

遥想当年，密密麻麻的漕船从3000里之外的杭州直达积水潭的东北岸，岸上酒肆遍布，商铺招摇，舳舻蔽水……该是怎样的一片繁华景象啊！

在大运河北端，还有一座燃灯佛舍利塔，高耸入云，属于通州大码头的标志性建筑。据说天气晴朗时，高大的塔影远映数百米外运河之中，堪称奇观。南来北往的舟客，远远看见这无灯之塔，自然百感交集，甚至清朝乾隆皇帝远航归来，一遇燃灯宝塔，顿有"到家了"的亲切感。

乾隆几度南巡，都是借助运河往返的。龙舟率领着金描彩绘的附属船队直下江南，绵延数十里，威风凛凛。在运河沿岸，至今仍流传着乾隆的一些风流韵事。

据说清代著名小说家曹雪芹就住在通州张家湾，他对运河的繁荣景象非常熟悉。在他的小说《红楼梦》中，江南的小姐林黛玉北上投奔亲戚，走的就是京杭大运河的水路。后来，当黛玉要回家探视身染重病的父亲林如海时，贾母派贾琏伴送，登舟回扬州。这一趟趟的来去，运河里该滴有林妹妹的不少眼泪吧。

京杭大运河，河水悠悠两千多年。京杭大运河不仅显示了中国古代水运工程技术的卓越成就，而且留下了丰富的历史文化遗存，它为中国经济发展、国家统一、社会进步以及文化繁荣做出了重要贡献，至今仍在发挥着巨大作用。

# 第四章

# 医药卫生

中国医药学具有悠久的历史，中国是世界上医药文化发端最早的国家之一。有文字可考的五千年医学史，科学的整体健康观念，系统的综合诊断方式，丰富的自然治疗手段，全面的身心保健康复……所有这一切，不仅体现着中国传统医学的民族特质，而且也与现代健康理念相吻合。绵延数千年一直未中断的中国医药文化，是世界医学史上所罕见的，其中涌现出的众多名医和古典医籍，在同时期的世界范围内也不多见，值得称道。

## 第一节 原始医药

华夏祖先从远古开始,就注重在生活生产实践中,慢慢积累各种各样的知识,其中就有与我们密切相关的医药知识。中国医学更是如此,它历史悠久,源远流长。中医学理论形成于中国先秦西汉时期,随着文明的进步和科学的发展,医药知识也逐渐从实践经验升华到理性认识,从而产生了具有中国传统文化特色的中医学。

那么,文化底蕴深厚的中医学是怎么产生的呢?我们追溯远古医学源头,翻阅中国古代流传下来的文献便可了解到,从伏羲制九针到著成《黄帝针灸》,从黄帝岐伯论经脉到著成《秦女脉决》,从神农尝百草到著成《神农百草经》,这就是《礼记·曲礼》中所说的"三世医学",开启了中医学这门独特的理论体系大门。

正是由于华夏先祖们对中医学的贡献,至今在中华大地上仍广为流传着他们的神奇传说。

探寻针灸疗法的历史,最早可以追溯到上古的伏羲时代。被奉为中华民族祖先之一的伏羲拥有多重身份。

伏羲

他是部落首领，是"中医九针"和"八卦理论"的开创者，同时也是华夏诸族最早的帝王。中国晋代皇甫谧著《帝王世纪》就记载有"伏羲制九针"。伏羲成为中国最早探索以针灸护航健康的先祖们的化身。伏羲把目光投向砭石，用石头磨制成各种形状的石针，用以刺激人体某些部位，达到治疗目的，即华夏民族最早的针灸。在冶金术发明之后，人们根据不同的需要创造出了金属针。从石器的砭到石针，再到金属的针，之后，针刺疗法又与药灸珠联璧合，发展成针灸法则，产生了砭、针、灸、药、导引五大医术之说，构成针灸疗法体系，沿用至今。

砭石

伏羲九针演进的砭石疗法是古代中国最原始的医疗保健技术之一，开创了中医传统的外治疗法。中国传统医学为当今世界所认识是从针灸开始的。中国的针灸术，操作简便，应用广泛，治法独特，疗效神奇，深受国内外人士的欢迎。更有意思的是，中国成语"针砭时弊"也基于此产生，意思是说，像医病一样，指出时代和社会问题，以求得改正向善。

"神农尝百草"与"伏羲制九针"相比而言，更加深入人心。神农，是传说中的农业和医药的发明者，继伏羲之后，他发明了农耕技术，而号"神农氏"；因以火德王，亦以火征官，故又名炎帝，系上古时代三皇之一。据中国西汉司马迁所著《史记·帝王世纪》记载，神农尝试百草的滋味，就是为了辨别能治病的草药，救治患病的人。关于"神农尝百草"，还流传着一个动人的故事。

在远古时代，人们靠猎鸟兽和采野果充饥生存。但因为工具简陋等原因，捕捉到的野兽往往不够吃。怎么解决吃的问题呢？炎帝就教大家耕田播种庄稼，种出粮食后让大家食用。他还带领百姓制作各种农具，大兴水利，教大家识别五谷，种植百果，使人类能够世世代代地生存下去。因此,人们称炎帝为"神农"。

神农教会人们耕田种粮食后,看到人们经常因为乱吃东西而得病,甚至丧命。在疾病面前,人类一点办法都没有。神农心里很焦急,于是决心要亲自尝遍所有的植物。这样,他就可以知道什么可以吃,什么不能吃;什么是有害的,什么是能够治病的。神农下了决心后,就做了两只大口袋,一只挂在身体左边,另一只挂在右边。他每尝一样东西,觉得可以吃的,就放在左边的口袋里,准备将来给人吃;觉得能治病的,就放在右边的口袋里,准备将来当药用。

传说有一次,神农看见一片矮绿的树丛中长着许多可爱的小嫩叶,淡淡的馨香幽然袭来。他摘下几片来,嚼在口里,颊齿留香;吞下之后,腹中尤感气脉流动,好像浑身被这叶子给检查了一遍。神农想,这种嫩叶竟然有如此能耐,于是他把它放进左边

神农尝百草浮雕

的口袋里,这就是后来的"茶"。神农日日要尝各种草木,遇毒乃家常便饭,就全靠茶解毒。这个传说也许不够真实,但却告诉我们,茶不仅是一种神奇的饮料,更是一种功用广泛的药物。

第二天,神农又发现了许多淡红色的小花儿,它们的形状像一只只飞舞的蝴蝶。神农采了一朵花儿放进嘴里,只觉得甜津津的,而且浓香四溢,神农便给它取名为"甘

草",把它放进了右边的口袋。就这样,神农每天不停地走啊走啊,他的足迹遍布了江河山川,高山峻岭。他尝遍了各种花草,也认识了许多药物,用它们拯救了无数人的性命。

有一次,一个病人得了急病,需要的药草很难找。神农找了很久,终于发现它长在一座陡峭的岩壁上,这岩壁又高又陡又滑,根本没有落脚的地方,连猿猴都难以攀登。人们见了,连连摇头,叹息这药草生长的地方实在太高太险,人想上去,比登天还难。神农救人心切,他动手搭起了一个木头架,顺着这个架子慢慢地攀爬上去,终于爬到了岩顶,采到了草药,救了这个病人。相传神农搭架子采草药的地方,人们称它为"神农架"。神农架现在就位于中国湖北省境内。

神农背着满满两口袋的药草,仍在不停地采摘、品尝。有时偶尔尝到毒草,他就赶快拿出茶,吞下肚去,毒就解掉了。可是有一次,他在品尝一种攀在石缝中开着小黄花的藤状植物时,把花和茎吃到肚子里以后,没有多久,就感到肚子钻心地痛,好像肠子断裂了一样,痛得难以忍受。这种毒草实在太厉害了,神农还来不及吞茶解毒,毒性就发作了。神农临死前还紧紧地抱着他的两口袋药草。神农虽然被毒草所害,却用他的生命,发现了一种含有剧毒的草,人们给它起名叫"断肠草"。后来,人们隆重地安葬了神农,尊他为农耕和医药之祖。

后人为了纪念神农,托名神农氏编著了《神农本草经》,这是中国现存最早的药物学专著。这部专著约成书于中国秦汉时期,收载药物365种,分上品(120种)、中品(120种)、下品(125种),对每种药物,分别记叙其别名、性味、生长环境、主治功用等,是一部药物学、博物学的重要文献。

伏羲制九针,神农尝百草,华夏先祖正是在同疾病不屈不挠的斗争中创造了原始医学。这些神话般的人物,拥有了一大批的医药追随者。他们紧随其后,撑起了整个中华医学的江山……

## 第二节　医祖扁鹊和医典《黄帝内经》

上医治未病，中医治欲病，下医治已病。　　——《黄帝内经》

春秋战国是中国古代医学史上极为重要的时期，此时期的医学具有较为明显的科学性、实用性和理性，并出现了专职的医生队伍。医缓、医和、扁鹊及其弟子子阳、子豹等都是当时著名的职业医生。与此同时，专门的医学著作也陆续问世。

### 一　医祖扁鹊

扁鹊

扁鹊（约前407—前310），中国春秋战国时期著名医学家，渤海郡州（今河北任丘）人，本名秦越人。因他医术高超，妙手回春，人们便用黄帝时期一个能使人"起死回生"的神医"扁鹊"来称呼他。扁鹊精通内、外、妇、儿、五官等各科医术，创立了中医诊脉"望、闻、问、切"四诊法，开中华医术以授徒相传的先河，以解奇症救赵简子、虢太子、四望蔡桓公、割治秦武王痼疾等业绩名烁古今，著有《八十一难经》等医著，被后世尊奉为医祖。

扁鹊年轻时并不从医，干过多年舍长，就是管理客人住宿的工作。但这份工作却给了他最终以行医为职业的机缘。传说有一天，有个名叫长桑君的客人，来到他主管的客舍。长桑君气宇不凡，与一般客人大不一样，这让扁鹊很是看重。长桑君在客舍住了很长时间，但扁鹊对他的招待始终认真细心，这给长桑君留下了很好的印象。一天，长桑君特意避开旁人约扁鹊前来，私下对扁鹊说："我有些治人疗病的秘方，一直在物色一个能传承的人，我已老了，选中你，是想将我平生所学全部传授与你。"等扁鹊拜过师后，长桑君就取出事先藏在怀中的药，递给扁鹊说："你用沾在地面的水吞饮此药，连服30天，就能透视人体，见到患者疾病所在了。"说完，又将记有秘方的简册取来，交予扁鹊。扁鹊受罢所赠，抬头望时，恩师长桑君已不知去向。扁鹊由此开始了自己的行医之路。

扁鹊业医之后，心系天下苍生疾患，决定以游医方式治疗病人。一次扁鹊到了虢国，听说虢国太子暴亡不足半日，还没有装殓。于是他赶到宫门告诉中庶子，称自己能够让太子复活。中庶子认为他说的是无稽之谈，不相信他的话。扁鹊长叹说："如果不相信我的话，可试着诊视太子，应该能够听到他耳鸣，看见他的鼻子肿，并且大腿及至阴部还有温热之感。"中庶子闻言赶快入宫禀报，虢君大惊，亲自出来迎接扁鹊。扁鹊说："太子所得的病，就是所谓的'尸厥'。人接受天地之间的阴阳二气，阳主上主表，阴主下主里，阴阳和合，身体健康；现在太子阴阳二气失调，内外不通，上下不通，导致太子气脉纷乱，面色全无，失去知觉，形静如死，其实并没有死。"扁鹊连忙命令弟子协助他，用针砭扎刺太子的三阳五会等穴位。不久，太子果然醒了过来。扁鹊又将方剂加减，使太子坐了起来；又用汤剂调理阴阳，20多天后，太子的病就痊愈了。这一治疗过程便综合运用了针灸、烫贴和汤药三种技术。而成语"起死回生"也来源于此。

扁鹊不仅医术精湛，而且对医术精益求精。他治病讲究"随俗为变"，即根据不同地区的疾病情况，研究有效的治疗方法。扁鹊在赵国看到妇女患病较多，于是便把研究重点放在妇科上，治愈了许多妇女的疾病；在秦国又治好了许多小儿的疾病。这不仅表明扁鹊医术的全面和高超，同时也说明了当时医学分科的专门化已经达到了较高水平。

扁鹊医术高明，医德高尚，享有极高的声誉和名望。他鄙视倚仗权势，也反对迷信和巫术。扁鹊于周赧王五年（前310）到秦国行医时，遭秦太医李醯嫉妒，最终被害。据说，当他被李醯杀死后，内丘人不远千里，跑到陕西咸阳偷偷把扁鹊的头颅取回，葬于庙后，把村名改为"神头村"，蓬山改为"鹊山"。神头村附近的扁鹊庙，是目前国内规模最大、历史最久、碑刻最多、传说最丰富的神庙。至今，每逢庙会，前来祈求健康和平安的人依然川流不息。

## 二　医典《黄帝内经》

春秋战国时期，社会发生了急剧变革，政治、经济、文化都有了显著的发展，各种学术思想也随之日趋活跃。在这种文化及学术氛围中，出现了中国现存最早的医学巨著——《黄帝内经》。它汇集了当时各学科的成就，对人体的生理活动、病理现象以及诊断治疗都有系统的论述和剖析，使中国医学真正形成了一套完整的理论。

《黄帝内经》本名《内经》，分《灵枢》《素问》两部分，为古代医家托轩辕黄帝名之作，为医家、医学理论家联合创作，成书于春秋战国时期。在以黄帝、岐伯、雷公对话、问答的形式阐述病机病理的同时，书中主张不治已病，而治未病，同时主张养生、摄生、益寿、延年。《黄帝内经》内容十分丰富，《素问》偏重人体生理、病理、疾病治疗原则原理，以及人与自然等等基本理论；《灵枢》则偏重于人体解剖、脏腑经络、腧穴针灸等等。

中医又称岐黄之术,"岐"是指上古名医岐伯,"黄"是指中华民族的祖先黄帝。《黄帝内经》就是假托这两位上古名人之口,以一问一答的形式来阐述中医理论的,书中有段对话十分有趣而又具有指导意义:

一天,黄帝谈起颈部生痈的病,他这样问道:"同是颈部

《黄帝内经》

生痈这种病,有时医生用砭石来治疗,有时医生用针灸来治疗,治疗方法完全不同,结果都将病治好了,其中必有道理,这道理究竟在哪儿呢?"岐伯对这个话题也颇感兴趣,便接着话茬谈开了:"颈部生痈,虽说是同一种病,倘若深入辨别他们致病的气血,就各不相同了。有的痈由气血止息所致;有的痈由气盛血聚所致、对气血止息所致者,适宜用针灸加以散除;对气盛血聚所致者,则当用砭石加以排泄。"接着,岐伯又以纲挈领,总结出为后世中医奉为经典的话——"所谓同病异治也"。黄帝听罢,深以为是。因而《黄帝内经》中阐述这些学说时,都贯穿着朴素唯物主义和辩证法。

《黄帝内经》还提出"上医治未病,中医治欲病,下医治已病"的理论,意思是说,医术最高明的医生并不是擅长治病的

人，而是能够预防疾病的人。有这样一则故事流传：

魏文王问名医扁鹊："你家兄弟三人，都精于医术，到底哪一位最好呢？"

扁鹊答："大哥最佳，二哥次之，我最差。"

文王再问："那为什么你最出名呢？"

扁鹊答："大哥治病，于病情发作之前，一般人不知道他事先能铲除病因，所以他的名气无法传出去；二哥治病，于病情初起时，一般人以为他只能治轻微的小病，所以他的名气只及本乡里；而我是治病于病情严重之时，一般人都看到我下针放血、用药教药，都以为我医术高明，因此名气响遍全国。"

"上医治未病"是中医的健康观，是古代医家在预防和治服瘟疫的过程中不断总结和完善的"未病先防、既病防变"的科学思想。

总之，《黄帝内经》的著成，标志着中国医学由经验医学上升为理论医学的新阶段。它总结了战国以前的医学成就，并为战国以后的中国医学发展提供了理论指导，奠定了传统中医学的坚实的理论基础，被历代中医大家奉为必读的医学巨著。

## 第三节　神医华佗和医圣张仲景

紧随扁鹊之后，汉代又出现了两大名医，即外科医生华佗和内科医生张仲景，他们与扁鹊一起被称为"中医三大祖师"。

### 一　神医华佗

华佗（145—208），字元化，豫州沛国谯县（今安徽亳县）人。华佗的故乡谯县，自古就是一个药材集散地，是久负盛名的药材之乡。华佗耳濡目染，对医药学产生了极大的兴趣。少时，华佗曾在外游学，他目睹了官场的腐败和苍生的苦难，决心弃绝仕途，以医济世。经过数十年的医疗实践，他熟练地掌握了养生、方药、针灸和手术等治疗手段，精通内、外、妇、儿各科，临证施治，诊断精确，方法简捷，疗效神奇，被誉为"神医"。

华佗在医学上最重要的贡献是发明了外科手术使用的麻醉剂——"麻沸散"。他是中国乃至世界上第一个使用麻醉术的医生。据史书记载，华佗采用酒服"麻沸散"施行腹部手术。他把麻醉药和热酒配制好，使患者服下，待患者失去知觉，他再剖开腹腔，割除溃疡，洗涤腐秽，然后用桑皮线缝合，涂上神膏。四五天后，病人就不会感觉到疼痛了；一个月后，病人就恢复了健康。华佗开创了全身麻醉手术的先例，这种全身麻醉手术，在中国医学史上是空前的，在世界医学史上也是罕见的创举。华佗被后人称为"外科圣手""外科鼻祖"，当之无愧。

华佗在医学上的另一建树是提倡体育锻炼，以增强体质，预防疾病。他继承先秦以来的导引术传统，首创了模仿虎、鹿、熊、猿、鸟5种禽兽的自然动作而编创的"五禽戏"。"五禽戏"模仿虎扑动前肢、鹿伸转头颈、熊伏倒站起、猿脚尖纵跳、鸟展翅飞翔等动作，再配合以呼吸和自我推拿，是一套强身健体的好方法。华佗的弟子吴普一直练"五禽戏"，直到90岁他还耳聪目明，牙齿完好。

作为一代名医，华佗不仅有高超的外科医术，而且懂脉象、会针灸、善处方。他注重察声观色，是中医综合诊断传统的继承者和发扬光大者；他还善于应用心理疗法治疗疾病。在中国民间，流传着大量关于他的神奇医术的故事。据说，有一个郡守得了重病，让华佗为他诊治。华佗对郡守的儿子说："你父亲的病和一般的病不同，有淤血在他的腹中，应激怒他，让他把淤血吐

五禽戏雕塑

华佗刮骨疗毒

出来，这样就能治好他的病，不然就没命了。你能把你父亲平时做过的错事都告诉我吗？我传信斥责他。"郡守的儿子说："如果能治好我父亲的病，有什么不能说的？"于是，他把父亲长期以来所做的不合常理的事情，全都告诉了华佗。华佗于是就写了一封痛斥郡守的信。郡守看后大怒，就派捕吏捉拿华佗，但没捉到。而郡守在盛怒之下，吐出一升多黑血，病就好了。

传说他曾为关羽刮骨疗毒，为曹操针灸治疗其头痛病。据说，曹操想让华佗成为自己的私人医生，但华佗想着人世间有更多的病人需要他去医治，所以没有答应。曹操一怒之下将华佗囚禁并杀害了。传说华佗在曹操的牢狱中曾将其一生的医术总结成《青囊经》，并交予狱卒以流传后人。可惜狱卒怕连累自己，不敢接受这份稀世珍宝。华佗在无奈中将其烧毁，遂成千古遗憾。

## 二 医圣张仲景

与华佗大体同时，东汉末年还出了一位名医，叫张仲景。张仲

# 格物致知

张仲景

张仲景（约150–219），名机，南郡涅阳（今河南南阳）人，中国古代伟大的医学家，被后世尊称为"医圣"。张仲景自幼好学，博通群书，潜心道术。成年以后，他也因饱读诗书而官拜长沙太守。但官场上的黑暗使他不愿混迹其中，不久即辞官专心研究医学。

张仲景生活的年代，社会动荡不安，瘟疫肆虐。东汉桓帝、灵帝、献帝时曾有多次大的瘟疫危害人间，成千上万的人被病魔吞噬。据《伤寒杂病论》的序文记载，自汉献帝建安元年（196）起，张仲景家族中10年内有三分之二的人去世，其中死于伤寒病的占70%。这种景象给张仲景很深的触动，促使他痛下决心，潜心研究医术，钻研伤寒病的治法。

张仲景在学医和行医时十分注重"勤求古训、博采众方"。

他既是一名有着丰富的临床经验、对于各种不同的病症能够辩证施治的名医，也是一位非常善于总结经验的医学家。张仲景于3世纪初写成《伤寒杂病论》一书。《伤寒杂病论》是中国第一部从理论到实践、再到确立辨证论治法则的医学专著，是中国医学史上影响最大的著作之一。

《针灸甲乙经·序》中记载了他为著名的"建安七子"之一王粲诊病之事。当时，张仲景在洛阳行医，因为声名卓著，各类名人都与他交往，王粲和他也很相熟。出于职业的敏感，张仲景总觉得王粲体内存有疾患。经多次接触留意观察后，在某天会面时，他对王粲说："你患上了一种病程较长的疾病，到40岁时会脱落眉毛，眉毛脱落后半年，可能会性命不保。好在现在发现得早，你可服药治疗。"张仲景当即为王粲配了名为"五石汤"的药给他服用。正值青年的王粲哪里会相信？他心中有所不快，勉强接受了药但压根儿就没服用。过了几天，张仲景见到王粲，关心地问他服药没有，王粲嫌张仲景过于啰嗦，随口应道："已服用了。"认真的张仲景仔细地观察王粲的脸色后责备说："瞧你的脸色，我就知道你并未服用我的药，你对自己的身体乃至性命怎能这样不在乎？"自信的王粲哪里知道张仲景的良苦用心。逝者如斯夫，一晃20年过去了，年纪刚过40的王粲，眉毛果然全都脱尽，又撑了180天后，终于罹病而终。张仲景这一行医事迹还被载录于《太平御览》的"方术部"和"疾病部"中。

张仲景善于创新，发明了许多新医术。现代广泛使用的人工呼吸术就是他最早使用的，他用此法救活了一个上吊的人。有一天，张仲景出门给别人看病，正巧路过一家诊所，门口围着一群人，地下还躺着一个人，旁边是亲属在哭哭啼啼，一位大夫袖手在旁边也毫无办法。张仲景上前了解了情况，原来是"死者"和家里人闹矛盾，一时气愤之下想不开上吊了，板凳倾倒的时候惊到了家人，然后家人赶紧把他放了下来，但是"死者"脸面发紫，已经没有了呼吸。于是家人抬着他去医馆找大夫。但是大夫一看，人都没气了，也束手无策。张仲景看了看"死者"的情况，然后探了一下脉象，知道距离上吊时间不长，应该还有救的可能。于是大声吩咐大家帮忙。大家把病人抬到木板上，然后为他盖上棉被。他让一个人抬起手臂，一个人按摩胸部，张仲景则自己用手撑着"死者"的胸腹部，有节奏地按压。随着手臂的起落，一按一压之下，"死者"居然颤了一下活了过来！张仲景吩咐大家不要停止按压动作，又连续做了好几十次这个动作之后，病人终于醒了过来。这就是最初的人工辅助呼吸法。

张仲景在行医中，尊崇科学，反对迷信。他对东汉时期的巫婆和妖道深恶痛绝，经常用医疗实效反驳巫术迷信。一次，他遇见一位因受刺激而时哭时笑的妇人。当时，家人坚持要请巫婆为她"驱邪"。张仲景仔细观察她的病情后，告知其家人，这是因"热血入室"所致，绝非什么"鬼怪缠身"，于是他给那个妇人扎了几针，几天后病就好了。

张仲景学医为民，用自己的医术为百姓解除病痛。他在任长沙太守期间，正值疫疠流行，许多贫苦百姓慕名前来求医。他对求医者总是热情接待，细心诊治，从不拒绝。开始他是在处理完公务之后，在后堂或自己家中给人治病。后来由于前来治病的人越来越多，使他应接不暇，于是他干脆把诊所搬到了长沙大堂，公开坐堂应诊，首创了名医坐大堂的先例。他的这一举动，被传为千古佳话。后来，人们为了纪念张仲景，便把坐在药店内治病的医生通称为"坐堂医"。这些医生也把自己开设的药店取名为"××堂药店"，这就是中医药店称"堂"的来历。

## 第四节　药王孙思邈

秦汉以来,中国名医和医书层出不穷,体现了中医药学发展的延绵不绝和繁荣景象。中医学整体上的进步体现在理论与实践两方面水平的提高。唐代名医孙思邈是中医史上一位极其重要的人物,在理论和实践两方面均大大提升了中国医学的水平。

孙思邈(581—682),京兆华原(今陕西耀县)人,是隋唐时期杰出的医药学家。孙思邈幼年时体弱多病,家里为给他治病几乎倾家荡产。他因此而立志学医,从小就刻苦读书,20岁就能为乡邻治病。他对古典医学有深刻的研究,对民间验方十分重视,一生致力于医学临床研究,对内、外、妇、儿、五官、针灸各科都很精通,有24项成果开创了中国医药学史上的先河。特别是论述医德思想、倡导妇科、儿科、针灸穴位等都是先人未有。他是继张仲景之后中国第一位全面系统研究中医药的先驱者,为中国的中医发展建立了不可磨灭的功勋。后人尊称他为"药王"。

孙思邈有一句名言,"人命至重,贵于千金,一方济之,德逾于此"。他认为世间最宝贵的莫过于人的生命,因此视治病救人最为神圣。孙思邈是这样说的,更是这样做的,故后人将他自己的两部著作均冠以"千金"二字,名《千金要方》和《千金翼方》,后统称为《千金方》。孙思邈凡遇急危疑难,不抛弃,不放弃,只要病人有一分希望他必下百分的努力。这又使他的医术超越了前人,也为诊疗带来了全新的技术。因而有关孙思邈的奇

# 格物致知

孙思邈

闻轶事数不胜数。

孙思邈刚开始行医时,就在自己的家乡孙家原村。有一次,一对中年夫妇抱着他们的孩子,急急忙忙地找他看病。当时孩子呕吐不止,手捂腹部一直喊痛,父母慌得不知所措。孙思邈仔细诊断后,认为是受寒而得。这时他看到旁边有一堆锯末,忽然有所醒悟——檀香木理气止痛,其锯末应该也有同样的效果。于是他抓了一把锯末,让他们加点生姜作为引子,熬药服下。夫妇俩半信半疑地回到家,照他说的方法煎药。结果孩子喝了后,果然呕停痛止,病很快就好了。夫妇俩高兴地逢人就说,孙思邈医术高明,救了他家孩子的命。从此他在乡里声名大振,得到周围村庄乡亲们的信任,大家一有病便纷纷前来就医。

有一次,孙思邈为一位患"尿闭症"的病人出诊,还未进门就听见病人在痛苦地呻吟,待到见到病人时,只见病人小腹肿胀,好像大鼓一样。尿液的大量潴留,可能会危及他的生命。情况急迫,容不得开药煎药了,孙思邈苦思应急良策。由于多年的行医经验,智慧过人的孙思邈在情急之中想出一个绝招:他找来青葱,洗净葱管,小心翼翼地将葱管插入病人的尿道。随着葱管的渐入渐深，病人腹中的积尿顺管流出，先前肿胀的腹部又一如平日了，病人的病情一下子减轻了。现在分析，当时孙思邈选用葱管导尿确有道理：首先，它挺直而柔嫩，插入时既可保持尿道通畅又不会损伤尿道；其次，葱蒜类植物本身具有一定的灭菌功效，又可减少感染。这可能是世界上首次采用的导尿术了吧。

有一次，孙思邈外出行医，忽然看见一支出殡队伍迎面而来。他停在路边，忽然上前一步，按住棺材大喊："且慢！"送殡的人以为他是疯子，便要赶他走，他说："里面的人还没死，你们怎么忍心埋了呢？"众人说人早死了，让他不要胡说。他说："人死了血会凝固的，你们看，棺材底下正在滴着鲜血。"众人果然发现有血丝向外流，就打开棺材请他看。只见里面躺着一位妇人，面黄如纸，且怀有身孕。丈夫哭诉说他们结婚10年一直没有生育，这次怀孕几个月，昨天忽然胎动并大出血了。孙思邈试了妇人的鼻息和脉象，马上用红花烟熏她的鼻孔，又急忙取出琥珀粉让她服下，孕妇很快苏醒过来。他又送给病人一剂药、一幅图，嘱咐家人把病人抬回去，喝下这副药，再按图接生，保证母子平安。后来，妇人果然顺利地生下了一个胖娃娃，于是众人把他当成了神仙，孙思邈却说："此乃琥珀之功也。"

唐朝初年，南方时有瘟疫发生，孙思邈在常州一带行医，不舍昼夜，抢救病人。经过半个月的努力，瘟疫得到了有效的控制。然而过了不久，又开始流行起来。为了长期预防和治疗此病，他经过潜心研究，发现葛洪《肘后备急方》中有预防瘟疫的药方——"屠苏酒"。他便精心配制了药酒，让未得病的人喝下，结果瘟疫再也没有发生。他为了普及防疫知识，便找来一大张黄绢，把药物组成及泡制方法全部写在上边，张榜公布在屠苏庵山门的柱子上，让人们广泛传抄。后来，岁末饮屠苏酒，便成为江南各地流行的习俗，而且还传到日本等国。自此，人们对他这种重视普及、毫无保留的可贵精神大力传颂。

## 格物致知

孙思邈把自己的毕生精力都奉献给了医学事业，他不仅医术高明，而且他极高的医德一直为人们所敬仰。孙思邈认为，医生在诊病时精神应高度集中，态度应一丝不苟；要想成为一名好医生，就必须无欲无求，那种借医术来追求名利的行为是绝对不可取的；不论患者贫富、贵贱、长幼、远近都要平等对待，并为其精心诊治。他始终强调医生的根本任务就是救死扶伤。他身体力行，不慕名利，用毕生精力实现了自己的道家医德思想，是中国医德思想的创始人。后来的中医医生一直都遵守着他所倡导的职业道德，如同西方医学界一直都恪守着《希波克拉底誓词》一样。

# 第五节　李时珍与《本草纲目》

李时珍（1518—1593），字东璧，自号濒湖山人，蕲州（今湖北蕲春）人。他不仅是明代著名的医药学家，也是一位伟大的自然科学家，在世界历史上享有盛名。

李时珍出生于一个远近闻名的医学世家，其祖父、父亲都是当地有名的郎中。李时珍自幼多病，曾得过骨蒸病（肺结核），每次都靠父亲的医

李时珍

术转危为安，因此对病人的痛苦和医生的重要性有切身的感受。像当时所有的青年人一样，李时珍一开始也想读诗书进科举，但自从14岁考中秀才后始终未能中举，于是，李时珍23岁时决定放弃科举，潜心学医。

李时珍少年时代，他的父亲就常把两个儿子带到自己充当诊所的道士庙"玄妙观"中，一面行医，一面教子读书，并不时地让他们帮助誊抄药方。李时珍耳濡目染，对行医的知识技能越来越熟，兴致也越来越浓，常常偷空放下八股文章，翻看父亲的医书，读得津津有味。

一天，父亲应病家之邀，带着长子出诊去了，玄妙观中只剩下时珍一人。这时，来了两位病人，一个是火眼肿痛，一个是暴泄不止。李时珍思索了半晌，说道："父亲要到晚上才能回来。

要不，我先给你们开个方子，试试看能不能治好。不行的话再找我父亲。"那泻肚子的病人难受极了，迫不及待地说："好，好，郎中的公子开方子还能有错？"另一个病人也捂着红肿的双眼，连连催促他开方。李时珍便果断地开方取药，打发病人走了。等父亲回到家，发现了小儿子开的药方，赶忙问道："这是你开的？"时珍小声回答："是的，不知道对不对？"然后，把病人是什么症状、为什么要用这些药、药有什么性能等等，一股脑儿说了一遍，讲得头头是道。父亲一边听，一边不住地点头，他这才知道，儿子不仅读了不少医书，还能在治病实践中加以运用，对症下药，确实是块当大夫的好料。

这天，李时珍正在诊病，突然一帮人吵吵嚷嚷地拉着一个江湖郎中涌进诊所。为首的年轻人愤愤地叫道："李大夫，你给我们评评理！我爹吃了这家伙开的药，病没见好，反倒重了。我去找他算账，他硬说药方没错。我们信得过你，你给看看。"说着把煎药的药罐递了过来："喏，这就是药渣。" 李时珍抓起药渣，一一仔细闻过，又放在嘴里嚼嚼，自言自语道："这是虎掌啊！"那江湖郎中一听"虎掌"，慌忙分辩说："我绝对没开过这味药！"

"那肯定是药铺弄错了！"年轻人说着，就要往门外冲。李时珍忙拉住他，说道："别去了，这是古医书上的错误，把漏蓝子和虎掌混为一谈了。""对，我开的是漏蓝子！"江湖郎中急急地插了一句。"是啊，药铺有医书为据，打官司也没用。"众人慨叹了一阵，只得把江湖郎中给放了。

不久，又有一位医生为一名精神病人开药，用了一味叫"防葵"的药，病人服药后很快就死了。还有一个身体虚弱的人，吃了医生开的一味叫"黄精"的补药，也莫名其妙地送了性命。原来，几种古药书上，都把防葵和狼毒、黄精和钩吻说成是同一种药物，而狼毒、钩吻毒性都很大，人吃了怎能不送命呢？这一桩桩、一件件药物误人的事,在李时珍心中激起巨大的波澜。毫无疑问,古医药书籍蕴含着丰富的知识和宝贵的经验,但也确实存在一些漏误。若不及早修正,医药界以它们为凭,以讹传讹,轻者会耽误治病,重者要害人性命啊!

于是,李时珍深夜便立志重新编撰一部新的本草书籍。为了写好这部书,李时珍付出了艰辛的努力,他以《证类本草》为蓝本,参考了800多部书籍,其间多次离家外出考察,足迹遍及湖广、江西、直隶许多名山大川,收集标本和单方,进行药物试验,弄清了许多疑难问题。

比如芸苔,是治病常用的药,但究竟是什么样的?《神农本草经》说不明白,各家注释也搞不清楚。李时珍询问一个种菜的老人,在他的指点下,李时珍看到了实物,才知道芸苔实际上就是油菜。这种植物,头一年下种,第二年开花,种子可以榨油。于是,这种药物便在他的《本草纲目》中一清二楚地解释出来了。

比如蕲蛇,即蕲州产的白花蛇,这种药有医治风痹、惊搐、癣癞等功用。为了弄清真正的蕲蛇是什么样子,他请教了一位捕蛇的人。那人告诉他,蕲蛇牙尖有剧毒,人被咬伤,要立即截肢,否则就中毒死亡。蕲州那么大,只有城北龙峰山上才有真正的蕲蛇。李时珍追根究底,要亲眼观察蕲蛇,于是请捕蛇人带他上了龙峰山。他不顾危险,在捕蛇人的帮助下,终于亲眼看见了蕲蛇,并看到了捕蛇、制蛇的全过程。由于深入实际调查过,后来他在《本草纲目》写到白花蛇时,就得心应手,说得简明准确。

《本草纲目》

李时珍一路考察,一路为父老乡亲们治病,深受人们尊敬与爱戴。有位老婆婆，患习惯性便秘达30年之久，虽多方治疗，但仍不见效。李时珍运用从民间学来的偏方，以适量的牵牛子配成药，很快就治好了她的病。还有个妇女鼻腔出血，一昼夜都止不住，怎么治也不见效。李时珍用大蒜切片敷贴患者足心，一会儿血就不流了。这个方子，也是他从民间采得的。像这样的例子，举不胜举。

就这样，李时珍几十年如一日，在医学的道路上艰难跋涉，终于实现了他梦寐以求的理想：1578年，一部具有划时代意义的药物学巨著——《本草纲目》成稿了。关于《本草纲目》这部书名的由来，还有一段有趣的插曲。年过六旬的李时珍完成了《本草纲目》，只可惜尚未确定书名。一天，他出诊归来，习惯地坐在桌前。当他一眼看到昨天读过的《通鉴纲目》还摆放在案头时，突然心中一动，立即提起笔来，蘸饱了墨汁，在洁白的书稿封面上写下了"本草纲目"四个苍劲有力的大字。他端详着，兴奋地自言自语道："对，就叫《本草纲目》吧！"为了这部书的体例，李时珍考虑了许久，也翻阅了不少书籍，并从《通鉴纲目》中得到启示，决定采用"以纲挈目"的体例来编写这部书，并以"本草纲目"这个名称作为自己历经27年搜集、整理、编纂的这部书的书名。

遗憾的是，李时珍生前并没有亲眼看到这部巨著的印行。1593年秋，这位75岁高龄的老人告别人世时，《本草纲目》还在南京由书商胡承龙等人主持刻版，直到3年后才印出书籍。

这部旷世名著有190多万字，每一个字都浸透着李时珍的心血。书中编入药物1892种，其中新增药品374种，并附有药方11000余条，插图1100余幅。其规模之大，超越了过去的任何一部本草学著述。它综合了植物学、动物学、矿物学、化学、天文学、气象学等许多领域的科学知识。它极为系统而严谨的编排体例、大胆纠正前人漏误的确凿证据以及继承中有发扬的科学态度，都令人赞叹不已。可以毫不夸张地说，它是中国药学史上的重要里程碑。从17世纪初开始，《本草纲目》就在医药学界不胫而走，辗转传往世界各地，先后被译成日、德、法、英、俄、拉丁等十几种文字，被公认为"东方医学的巨典"。19世纪著名生物学家达尔文曾评价《本草纲目》，说它是中国古代医学的"百科全书"。

## 第六节　中医药与青蒿素

2015年10月5日,"诺贝尔生理学或医学奖"获奖名单揭晓,中国女科学家屠呦呦获"诺贝尔医学奖"。屠呦呦1971年首先从黄花蒿中发现抗疟有效提取物;1972年又分离出新型结构的抗疟有效成分青蒿素;1979年获国家发明奖二等奖;2011年获国际级大奖"拉斯克临床医学奖",获奖理由是"因为发现青蒿素——一种用于治疗疟疾的药物,挽救了全球特别是发展中国家的数百万人的生命"。至此,一种叫黄花蒿的植物为世界所瞩目和关注,而青蒿素与疟疾又是怎样的关系呢?

作为一种古老的疾病,人类对疟疾的记载已经有4000多年的历史。公元前2700年,中国的古典医书《黄帝内经》描述了疟疾的相关症状:发热、寒颤、出汗退热等。疟疾发作时寒热交替,苦楚万分,冷时如入冰窖,热时似进烤炉。得了此病,实在是对人体"酷疟"的折磨,故被称为"疟疾"。

公元前4世纪,疟疾广为希腊人所知,因为这种疾病造成了城邦人口的大量减少。古希腊名医希波克拉底记录了这种疾病的主要症状,之后,文献中出现了众多的疟疾记录和农村人口减少的情况;到公元3—4世纪,印度古代医学经典《苏斯鲁塔集》认为,疟疾的发热病症与某种昆虫的叮咬有关。疟疾的传播非常广泛,中国古代称之为"瘴气",意大利语中疟疾"mal'aria"的意思是"坏空气"(bad air),表明中西方对这种疾病有大体相同的认识。

疟疾是一种严重危害人类生命健康的世界性流行病。世界卫生组织报告，全世界约数十亿人口生活在疟疾流行区，每年约2亿人患疟疾，百余万人被夺去生命。特别是上世纪60年代初，全球疟疾疫情难以控制。当时正值美越交战，在越美军因疟疾减员数万人。美国不惜投入，筛选出20多万种化合物，却未找到理想的抗疟新药。因疟原虫对喹啉类药物已产生抗药性，所以，防治疟疾重新成为各国医药界攻克的目标。继美国之后，英、法、德等国也花费了大量人力物力，寻找有效的新结构类型化合物，但一直未能如愿。

中国从1964年重新开始对抗疟新药的研究，1967年中国政府启动了"523任务"，意在集中全国科技力量联合研发抗疟新药。从中草药中寻求突破是整个工作的主流，但是，通过对数千种中草药的筛选，却没有任何重要发现。

在国内外都处于困境的情况下，1969年，39岁的屠呦呦临危受命，出任该项目的科研组长。屠呦呦自幼耳闻目睹中药治病的奇特疗效，立志探索它的奥秘。她选择了当时一般人缺乏兴趣的生药学专业。后就职于中国中医研究院。屠呦呦在设备简陋得连基本通风设施都没有的工作环境中，经常和各种化学溶液打交道，一度患上中毒性肝炎，但她心无旁骛，埋头从事中药研究，取得了许多骄人的成果。

在中药里找抗疟药物无异于大海捞针，因为有名目的中药多达上万种，但屠呦呦所在的中药组找到了正确的思路。她从整理历代医籍着手，四处走访老中医，搜集建院以来的有关群众来信，编辑了以640方中药为主的《抗疟单验方集》。然而筛选的大量样品，对抗疟均无好的疗效。她并不气馁，经过200多种中药的380多个提取物的筛选，最后将焦点锁定在青蒿上。

青蒿在中国民间又称作臭蒿和苦蒿，属菊科一年生草本植物。中国《诗经》中的"呦呦鹿鸣，食野之蒿"中所指之物即为

青蒿

青蒿。早在公元前2世纪，中国先秦医方书《五十二病方》已经对植物青蒿有所记载；公元前340年，东晋的葛洪在其撰写的中医方剂著作《肘后备急方》一书中，首次描述了青蒿的退热功能；李时珍的《本草纲目》则说它能"治疟疾寒热"。

但大量实验发现，青蒿的抗疟效果并不理想。

屠呦呦又系统查阅了文献，她特别注意在历代用药经验中提取药物的方法。她再一次转向古老的中国智慧，她发现《肘后备急方》中记载"青蒿一握，以水二升渍，绞取汁，尽服之"可治"久疟"。琢磨这段记载，她认为很有可能在高温的情况下，青蒿的有效成分被破坏了。于是她改用乙醇冷浸法，结果所得的青蒿提取物对鼠疟的效价显著提高；接着，她用低沸点溶剂提取，效价更高，而且趋于稳定。终于，在经历了190次失败后，青蒿素诞生了。这剂新药对疟原虫的抑制率达到100%，被世界卫生组织评价为"治疗恶性疟疾唯一真正有效的药物"。

在全世界，屠呦呦研发的青蒿素，每年挽救了数以百万计疟疾患者的生命，尤其是在发展中国家。疟疾，一个肆意摧残人类生命健康的恶魔，被一位中国的女性科学家制服了。难能可贵的是，屠呦呦查阅中国古老的医药典籍、利用现代的科研方法提取的青蒿素，是具有中国医药特色的科研成果。

正如屠呦呦在领取诺贝奖时说的，青蒿素的发现是中国传统中医药送给世界人民的礼物。通过抗疟药青蒿素的研究经历，使屠呦呦深感中西医药各有所长，如果二者有机结合，优势互补，才具有更大的开发潜力和良好的发展前景。大自然给我们提供了大量的植物资源，医药学研究者可以从中开发新药。中医药从神农尝百草开始，在几千年的发展中积累了大量临床经验，对自然资源的药用价值也有整理归纳。通过继承发扬，发掘提高，一定会有所发现，有所创新，从而造福人类。

## 第五章 康乐文娱

浸染在千百年来中华传统文化和审美习惯中，古代中国人很自然地寻找艺术情感的精神追求，他们在追求生命长度的同时，也不断地追求提高生命的质量。因此，展现给我们的正是那色彩斑斓和千姿百态的康乐文娱思想。导引养生，是几千年来中华民族认识生命、维护健康、预防疾病思想和方法的凝炼，展示的是华夏先人那种积极主动的生命养护态度、一种健康进步的生活理念。南拳北腿，具有"国术"之称的中国武术，以技击为中心、以强身为目的，蕴含着奥妙无穷的中国传统哲理。琴棋书画，被誉为四大古典艺术，最为充分地体现出中国传统文化的精神价值和美学意义。西皮二黄，享有"国剧"之称的京剧，特点鲜明、内涵丰富、技艺精湛，是中国民族戏剧文化的集大成者。

## 第一节　导引养生

中医养生文化历史悠久，特色鲜明。英国著名学者李约瑟说："在世界文化当中，唯独中国人的养生学是其他民族所没有的。"它是几千年来中华民族认识生命、维护健康、预防疾病思想和方法的凝炼，是中华民族优秀传统文化的重要组成部分。

### 一　导引养生

"导引"一词，源自《黄帝内经》。导引是气功的古称。庄子曾说，导气使充足的氧气流通全身，以营养细胞；引体使周身肌骨韧柔，富有弹性，以增强活力。也就是说，把我们日常的自然呼吸疏导成细、匀、深、长的腹式呼吸，把我们人体四肢锻炼得柔软坚韧。这是通过自身调摄，以练意、练气、练形为要素的自我身心锻炼方法。

"养生"一词，最早出现在道家学派典籍《庄子》一书中。所谓"养"，就是保养、调养、培养、补养、护养；所谓"生"，就是生命、生存、生长。养生，就是根据人体生命规律，采取能够减少疾病、增进健康和延年益寿的手段所进行的保养身体的活动。因此，导引养生在增强体质、防病治疾上就比那些单纯的肢体运动有着特殊的意义，它具有协调阴阳、个人修炼、内外兼修、延年益寿等特点。

历史上，中华民族的祖先在实践中勇于探索，积累了丰富的养生经验，同时也创造了灿烂的中华养生文化。

## 二 顺应自然，改善环境

健康是长寿的先决条件，每个人的健康状况在很大程度上又依赖他所生活的环境。人们只有做到内在机体与外在自然环境的和谐协调，才可能实现去病延年的养生目的。所以，中华养生文化追求的是一种人体生命与自然万物的整体和谐状态。

### （一）庖丁解牛游刃有余

庄子（名周）是道家的著名代表人物，他的哲学思想在《庄子》一书中得到充分体现。

据《庄子·养生主》记载，有个叫庖丁的厨师给文惠君宰牛。文惠君站在一旁观看。只见庖丁师傅宰牛的动作，优美得如同舞步，进刀时候发出来的响声，都合乎乐曲的节拍。文惠君不禁喝起彩来，说："呀！真了不起，你宰牛的技术怎么会这么高超呢？"

庖丁放下刀，说："我做事喜欢探究事物的规律。我刚开始学宰牛的时候，因为不了解牛的身体构造，眼前看到的就是一头庞大的牛。等我有了3年的宰牛经验以后，我对牛的构造就完全了解了。我可以娴熟自如地按照牛的身体构造，将刀直接刺入其筋骨相连的空隙之处，利用这些空隙，便不会使屠刀受到丝毫损伤。一个好的厨师一年换一把刀，因为他们是用刀去割筋肉；普通的厨师一个月换一把刀，因为他们是用刀去劈骨头。而我呢，这把刀已经用了19年，刀口还是像刚磨出来的一样锋利。我用极薄的刀锋插入牛骨的间隙，自然显得宽绰而游刃有余了。"

文惠君听了庖丁的一席话，连连点头，似有所悟地说："好啊，好啊，我听了您这一番话，还学到了不少修身养生的道理呢！"

世间万物都有其固有的规律，只要在实践中不断摸索，久而久之，就能掌握其规律，从而做到熟能生巧。人们的养生活动大都充分利用大自然赋予的各类资源，并且按照自然规律去从事养生，才能获得较好的养生效果。

### （二）虎守杏林赞名医

距今1800多年的三国时期，吴国有位名医叫董奉，他医德高尚，医术精湛，深得百姓敬重。

有一年，他行医到了江西，就在风景优美的庐山居住下来。他为病人看病不收钱，但要求患者在他的房屋前后栽种杏树，重病好了栽五棵，轻病好了栽一棵。数年后，杏树上万，郁然成林，上有百鸟鸣唱，下有群兽戏游。董奉还用这些成熟的杏子换成谷子，来救济穷人。

有个投机取巧的年轻人，拿来很少的谷子，却摘了满满一筐杏子。守护杏林的老虎见他以少换多，便吼着追了上去，吓得那个年轻人拼命逃跑，结果跌倒在地，杏子落了一地。回到家里一看，筐里的杏子和他给的谷子一样多。这位年轻人后悔自己投机取巧，贪占便宜多拿杏子。

董奉为什么要病人栽杏树呢？因为杏子不仅是一种美味可口的夏令水果，更是一味常用的祛痰止咳、平喘润肺的中药。种植杏林，还可以改善生态环境，甚至吸引动物来栖息。千百年来，董奉的高尚医德启迪着人们的心灵，教育着后世行医之人。

## 三　饮食起居，综合调理

中医历来有"药食同源"的理念，药食同源是中医药学的优势特征之一，它运用"天人合一"的观点来考虑各种因素对人体健康的影响。中医养生还将食物视为治病养生的重要因素。

## （一）寒食节

寒食节的源头，应为远古时期人类的火崇拜。古人的生活离不开火，但是，火又往往给人类造成极大的灾害，于是古人便认为火有神灵，要祀火。各家所祀之火，每年又要止熄一次，然后再重新燃起新火，称为改火。改火时，要举行隆重的祭祖活动，焚烧谷神稷的象征物。这一活动相沿成俗，便形成了后来的禁火节。禁火节，后来又转化为寒食节，用以纪念春秋时期晋国的名臣义士介子推。

春秋时期有位晋文公，在他落难流亡的日子里，身边仍有不少忠臣追随他。后来他做了晋国的国君，为报答他的恩人，他给这些人都封了官职。其中只有介子推不肯做官，归隐于位于山西省介休的绵山之中。晋文公请他出山做官，他就是不肯。晋文公派兵逼他出山做官，介子推也不服从，背着老母躲入深山。晋文公放了一把火，山火熊熊，介子推至死不出，母子被双双烧成了焦炭。

晋文公望着介子推的尸体哭拜了一阵，然后把介子推和他的母亲分别安葬在一棵烧焦的大柳树下。为了纪念介子推，晋文公下令把绵山改为"介山"，在山上建立祠堂，并把放火烧山的这一天定为寒食节，让全国百姓在每年的这一天禁忌烟火，只吃寒食。

第二年，晋文公带领群臣，素服徒步登山祭奠，表示哀悼。行至坟前，只见那棵老柳树死而复活，绿枝千条，随风飘舞。晋文公望着复活的老柳树，像看见了介子推一样，他敬重地走到柳树前，小心地掐了一枝，编了一个圈儿戴在头上。祭扫后，晋文公把复活的老柳树赐名为"清明柳"，又把这天定为清明节。

此后，晋国的百姓得以安居乐业，人们对有功不居、不图富贵的介子推非常怀念，每逢他死的那一天，人们便禁忌烟火以表示纪念；此外，人们还用面粉和着枣泥，捏成燕子的模样，用杨柳条串起来插在门上，以召唤他的灵魂。

### （二）菊花助唐王

相传隋末唐初，唐王李世民率军南征，怎奈途中遭遇恶劣天气，全军将士十有八九伤风眩晕，喉头肿痛、精神不振，难以作战。李世民仰天长叹道："苍天啊，您既然显灵，何不降下灵丹妙药治我将士之病，也好让大军驰骋过河，攻下敌军防线，直捣敌人老巢！"唐王话音刚落，只见从山腰走来两位身着道服的尼姑。两位尼姑手挎竹篮，篮内装满菊花，声称要为大军献药。李世民见之，接过两篮菊花，笑道："自古菊花为观赏之物，花开鲜艳，芬芳四溢，怎么能为药呢？二位道姑在取笑我吧？"两位尼姑听后，嫣然一笑道："将军，菊有多种，诸如贡菊、川菊等。此菊为怀菊，它生长在山涧，开在中秋，其花既可观赏又可入药，主治伤风感冒、高烧不退、喉头肿胀，将军不妨一试。"李世民听后当即令士兵将菊，或食用，或冲水饮之，一日三次，日日不停。大约四五天后，只见十万兵马，日益强壮，疾病全无，很快就恢复了元气，随后择机顺利渡过了黄河。

## 四　形神兼顾，节放有序

中华养生不但注重形体的修炼，而且注重心神的调养，两者相互联系，密不可分。中国的道家养生尤其推崇这种境界。

### （一）庄子拒做官

《庄子·秋水》讲了这样一个故事：有一天，庄子正在濮水边上钓鱼，楚威王派两名使者来劝说他到楚国去做官。庄子问使者："我听说楚国有一只神龟死了已经有3000年了，现在仍然供奉在庙堂里，接受人们的祭拜，请问这只乌龟是愿意死了留壳接受人们的祭拜，还是希望活着在泥地里爬行呢？"使者回答："乌龟当然愿意活着在泥地里爬行了。"于是，庄子告诉使者："你们回去吧，我愿意做那摇摆着尾巴而在泥地里爬行的乌龟。"这个回答说明庄子不羡慕虚荣的名利，不追求高官厚禄，心神不为外物所累，宁愿过着无拘无束、自由自在的平淡生活。

### （二）庄子哭妻

《庄子·至乐》记载，庄子的妻子死了，惠施到庄子家来吊丧，看见庄子在那里敲着盆子高声唱歌，于是很诧异地说："你不但不哭，反倒敲盆唱歌，这也太反常了吧？"庄子说："开始我也伤心掉泪，后来一想，人死之后不过是重新回归大自然而已，我应当表示欢送呀，所以不哭。"

生死有因，乐观看待。2000多年前庄子对人的生死就能有如此洒脱而又高明的见解，实在是非常难得。

### （三）杯弓蛇影

《风俗通义·怪神》记载，有一日，杜宣被应郴请到家中喝酒，酒席设在厅中。杜宣端起酒杯时，看到一条蛇在酒中蠕动，可他又不敢不饮，只能硬着头皮喝下，到家时便觉腹痛难忍。几天后仍不见好转，应郴询问他得病的原因，杜宣只得一五一十地告知。应郴百思不得其解，回家后便坐到杜宣当时坐的位置上，果见杯中仿佛有蛇影。他仔细抬头一看，原来是厅中北墙上悬挂着的弓的倒影。于是，他又将杜宣请来，让他坐在原来的位置仔细观察。杜宣得知原委后，病很快就痊愈了。后人便用"杯弓蛇影"比喻疑神疑鬼、妄自惊扰的行为。

君子坦荡荡，小人长戚戚。遇到问题，多问为什么，弄清真相，方能抓住问题的症结，解决问题。而杯弓蛇影，只会自己吓唬自己，徒增烦恼。

## 五 防重于治，提倡早治

中华养生讲究防病要大于治病，要防患于未然，提倡早治。《黄帝内经》上也曾说，圣人不是治已经形成的病，而是治尚未形成的病。

《韩非子·喻老》里有这样一个"讳疾忌医"的故事。

有一天,名医扁鹊去见蔡桓侯。他仔细端详了蔡桓侯的气色以后,说:"大王,您得病了。现在病只在皮肤表层,您赶快治,容易治好。"蔡桓侯不以为然地说:"我没有病,用不着你来治!"扁鹊走后,蔡桓侯对身边的人说:"这些当医生的,成天想给没病的人治病,好用这种办法来证明自己医术高明。"

过了10天,扁鹊再去看望蔡桓侯。他着急地说:"您的病已经发展到肌肉里去了,可得抓紧治疗啊!"蔡桓侯把头一歪:"我根本就没有病,你走吧!"扁鹊走后,蔡桓侯很不高兴。

又过了10天,扁鹊再去看望蔡桓侯。他看了看蔡桓侯的气色,焦急地说:"大王,您的病已经进入了肠胃,不能再耽误了!"蔡桓侯连连摇头:"见鬼,我哪来的什么病!"扁鹊走后,蔡桓侯更不高兴了。

又过了10天,扁鹊再一次去看望蔡桓侯。他只看了一眼,掉头就走了。蔡桓侯心里好生纳闷,就派人去问扁鹊:"您去看望大王,为什么掉头就走呢?"扁鹊说:"有病不怕,只要治疗及时,一般的病都会慢慢好起来的。怕只怕有病说没病,不肯接受治疗。如果病在皮肤里,可以用热敷;病在肌肉里,可以用针灸;病到肠胃里,可以吃汤药。但是,现在大王的病已经深入骨髓。病到这种程度只能听天由命了,所以,我也不敢再请求为大王治病了。"

果然,5天以后,蔡桓侯的病就突然发作了。他打发人赶快去请扁鹊,但是扁鹊已经到别的国家去了。没过几天,蔡桓侯就病死了。

这个故事说明,有了病,一定要听从大夫的嘱咐,老老实实地医治。否则,一误再误,病情会越来越重,以至发展到无法挽救的地步。

## 六　强调适度，勿走极端

中华养生还讲究适度原则，强调做任何事都要掌握适当的尺度，不能不足，也不能过分，否则就不能达到做事的理想境界。中国成语"恰到好处""适可而止""点到为止"说的就是这个原则。

《庄子·至乐》记载了这样一个故事：从前有一只海鸟飞到了鲁国都城郊外栖息，鲁侯为了欢迎它，还在宗庙里摆酒款待它，演奏舜帝时的《九韶》作为宴会音乐，准备了古代帝王祭祀时才用的牛、羊、猪作为宴会的食品。这时海鸟看得眼花缭乱，惶恐不安，不敢吃一片肉，不敢喝一口酒，过了3天就死了。鲁侯这是用养护自己的方式去养鸟，而不是用养鸟的方法去养鸟，海鸟死了。如果用养鸟的方法去养鸟，则应当让海鸟栖息在深林之中，游荡在沙洲之上，飘浮在江湖之中，让海鸟吃泥鳅和小鱼，让它们随着鸟群的行列而息止，从容自在地生活。

这个故事告诉我们，每个人都有自己的生活方式，如果走极端，将不适合的方式强加到自己或他人身上，只会起反作用。

## 七　汇集百家，古今一贯

中国传统养生文化，集百家之长，儒、道、佛、医相安相融。对于修身养性，各家都有不同的看法。如儒家讲"天人合一"的养生之道；道家追求"自然无为、阴阳相合"，达到延年益寿的导引修炼；佛家讲"参禅、顿悟"等修炼；医家注重"精、气、神合一"的中医学养生。总之，这些养生文化流派，是古人在不同文化环境下的积累，是在中国传统思维模式下产生的理论知识与技术经验，具有独特的领悟力和创造力。

### （一）"至圣先师"孔子养生术

中国儒家学派的创始人、伟大的思想家、教育家孔子，一生勤于治学,自强不息,文绩卓著。他活了73岁,在当时来说,可谓身健寿长。

孔子一生艰苦奋斗,精进不息。青少年时代他勤于苦读,博览群书,学业超群;中年后他东奔西走,周游列国,宣传自己的主张;晚年则致力于教育,编纂典籍。与道家提倡的"清静无为"的思想相反,孔子提倡的是"自强有为"。孔子认为,人生一世,应当树立远大的志向,有所追求,不懈努力,唯有心强才能体健,体健才能保证事业有成。孔子一生始终保持着百折不挠、矢志不移的进取精神,正是因为孔子有着积极进取的心理和健康的体魄,虽多次陷入困境,却都能坚持过来。

孔子十分注意养德立德。他认为,有德之人,注重德性的修养,心地光明,精神爽朗,邪气难侵,有益于健康长寿。小人由于其心术不正,损人利己,耗心伤神,必然有损于身心健康,与长寿无缘。孔子在鲁国任大司寇期间,廉明清正,两袖清风,受

孔子

到广大百姓的爱戴。当时,鲁国的国君鲁定公,喜爱淫歌妖舞。齐国为了腐蚀削弱鲁国,投其所好,送去80名美女歌妓。鲁定公终日沉迷于酒色淫乐中,不问政事。孔子屡屡劝谏无效,一气之下,便辞去大司寇的职务,离开鲁国,开始了颠沛流离的周游列国之行。

在许多人的心目中,孔子是文弱迂腐的书生模样,而实际上,孔子十分注意健身活动。他经常和学生一起骑马、射箭、习武、游泳,还经常和弟子们一起外出郊游。如今,在泰山一座天门的石碑上,还

可以看到上面刻有"孔子登临处"的字样，说明孔子是极重视体育锻炼的。所以，古籍中说孔子走起路来，像鸟儿长了翅膀，健步如飞。孔子伟岸高大的身躯和强健的体魄，是与他积极倡导并积极参加体育健身活动分不开的。

孔子还善于用音乐来调节情绪，抒发感情，他本人对音乐有很深的研究，亲自编订了《乐经》，可惜已失传。他还经常和当时的音乐大师们探讨乐理。在齐国听到音乐《韶》时，激动得他竟废寝忘食，三月不知肉味，借助音乐陶冶情操。在绝粮于陈地之际，他还是弦歌不绝，饥寒之中也不愁苦。每当听到别人唱优雅的歌曲时，他必定请人再唱一遍，自己跟着学。孔子正是这样通过音乐达到放松精神、养生延年的目的。

孔子一生生活简朴，安贫乐道。他经常吃粗粮，喝白水，弯着胳膊当枕头，乐在其中。他非常赞赏他的学生颜回艰苦朴素的精神。他说："颜回多么艰苦朴素啊！一小筐饭，一瓢白水，住在狭小的巷子里，别人都不能忍受那种苦楚，然而颜回却能忍受，他是多么贤德啊！"

孔子不但自己依此而行，还通过弟子把这些理念和知识传授给大家。正是平时多方面的修养，塑造了孔子强健的体魄，使他能在战乱年代有力量为实现自己的主张而去拼搏，最终成为世界文化史上的一代伟人。

### （二）"山中宰相"陶弘景养生术

陶弘景是中国南朝齐、梁时期的道教思想家、医药家、炼丹家，自号华阳隐居，卒谥贞白先生。他思想上受到了葛洪《神仙传》的影响，由此一心向道，在养生方面取得很大成就。

陶弘景小时候家境并不宽裕，但是他喜欢读书，而且十分聪明。他擅长琴棋，在书法上尤其擅长草书、隶书和行书。陶弘景还未成年的时候就担任了一个比较闲散的官职，但是当时皇帝和大臣都向他请教朝廷礼仪，可见他深受重视。他虽然和朝中贵族生活在一起，但他从不慕名利，总是把自己关在屋子里，不与外界来往。陶景弘36岁的时候，打算不再做官，他想一心修道炼丹，隐居深山。于是陶弘景上书给皇帝，齐武帝知道了他的志向，不但没有反对，还赐予了他许多东西，包括各种原料供他炼丹，为他以后在化学方面的成就提供了基础。

梁武帝萧衍从小和陶弘景结交，知道陶弘景聪明，想要重用陶弘景。梁武帝即位后几次想请他出来做官辅佐朝廷，陶弘景看在朋友多年的份上没有当面拒绝，但是他志向并不在此，不想出来做官。于是他画了一张画，画上有两头牛，一头牛自在地吃草，另一头牛则带着金笼头，被拿着鞭子的人牵着鼻子。陶弘景是在用自在吃草的牛比喻自己没做官时候的生活，带着金笼头的牛比喻做官之后的生活，暗示自己想要自由自在的生活，而不是享有荣华富贵却受束缚的生活。梁武帝看后哈哈大笑说："弘景的画跟庄子的千年乌龟相似，看来他的志向并不在此，我是没办法把他请入宫中了啊。"于是梁武帝不再提让他出山做官的事，但经常和陶弘景书信来往。每次遇到朝廷大事的时候，他都会给陶弘景写信，而陶弘景也会回信指点迷津。虽然远离朝廷，但他却影响着朝中大事，因此有"山中宰相"的称呼。

陶弘景无欲无求，他活了83岁，在当时已经是很大的岁数了。他的长寿与其心态有很大的关系。陶弘景著有《养性延命录》，在养生方面，他十分主张修心，修心就是要保持心情的平静。陶弘景经常走访各个名山，寻找草药；他也喜欢走近松柏，有时候就为了听松柏的声音，常常一个人走进松柏之中待上半天，因此人们也称他为"山人"。在寻访草药的过程中，他走累了就停下来休息。他还主张调气，这与他信奉道教有关。其中调气也与现在人们做的瑜伽的调节呼吸有异曲同工之妙。

### （三）"博学医家"华佗养生术

东汉末年的医学家华佗博学多才，医道如神，养生有术，他一生矢志医学，济世救人，深受人民敬仰和爱戴。

华佗自幼聪明好学，素爱方术和养生修道，收集了很多秘方验方。他长大后遍游名山大川，并且寻访了很多年，在游览之中，山中各种飞禽走兽如虎、鹿、熊、猿、鹤等奔跳戏耍的各种动作，给他留下了深刻的印象。后来他又得到一部医书，载有疗疾和养生健身方法，其中就有五禽戏。在前人的基础上，再加上他自己的游历山川所见，华佗重新编排五禽戏动作，并坚持演练。练习时，他仿佛又置身于大自然之中，有心旷神怡之感。他日复一日、年复一年地坚持锻炼，终于达到了出神入化的境界，收到了意想不到的健身效果。《五禽戏》是中国古代采用导引防病、治病以求延年益寿的典型范例。

据《后汉书》记载，华佗年近百岁看上去却像壮年人，当时人们认为他是神仙。华佗有两个弟子，一个叫樊阿，一个叫吴普，他们二人都曾向他请教养生方法。华佗传给樊阿一张服食秘方，名叫漆叶青黏散，属于养生方剂。樊阿以此养生，100多岁时头发胡子还乌黑发亮，精力十分充沛。传给吴普的养生术叫五禽戏，是一种体育养生方法。吴普90多岁时还耳聪目明，牙齿坚

五禽戏

固。华佗的弟子以不同的养生方法都得以高寿,可见其养生术的效果是十分显著的。

### (四)"长寿女皇"武则天养生术

在1300多年前的唐朝,出现了一位著名女皇,叫武则天。她自幼习文练武,爱好广泛,入宫后她的很多才能又得到全面展示。赏花调情、音乐和神、歌舞美仪、书法调气以及骑射强体,这些高雅的摄生之道,使她在精力、心力、智力、体力上都得到切实的锻炼。

武则天的母亲是位虔诚的佛教徒,她高寿至92岁。这种先天的遗传因素和后天的修养方式对武则天也有一定的影响。武则天27岁时因唐太宗驾崩被送入感业寺,当了尼姑,在这5年里,她整日参禅打坐,修身养性,并学到了佛家气功功法。

"禅修"养生的过程,其实就是一种宁神静志的自然疗法。其作用,一是强壮正气,防病保健;二是增强抗病能力,祛病除疾。武则天依靠修习禅定获得的见地,使她远离一切烦恼,豁达乐观,对自己的敌手并非置于死地,反而雍容大度,宽大为怀,委以重用。最明显的例子,便是她废掉李氏之后,自己称帝,许多效忠于李氏的大将纷纷起兵反抗,其中以徐敬业为最。初唐四杰之一的骆宾王还曾为徐敬业写了一篇《讨武曌檄》,痛骂武则天身侍父子,惑乱宫闱,杀子废子,人神共弃。然而她看了之后,非但没有发怒,还连连称赞骆氏的文笔,说朝廷没有任用这样的人才,是宰相的过失。徐敬业兵败之后,武则天也并未将他按造反论斩,而只是将他贬到外地去当刺史。

武则天的这种开阔的胸怀,不仅是宽以待人的谋略,也是修身养性的高超境界。

## 第二节　南拳北腿

武术，又称武艺、中国功夫。它讲究刚柔并济、内外兼修，以技击为中心，以强身为目的，蕴涵奥妙无穷的中国传统哲理，是独具特色的中国传统文化典范，被视为中国的国术。

### 一　中国武术

中国古代传统武术素有南拳北腿之说。中国古代武术风格的差异可以用地域来区分，但造成这种差异的关键在于体格上的差距。古人认为，北方人身材高大，北方气候严寒造成北派拳术气势雄劲，大开大合，蹿纵跳跃，舒展大方；南方人身材较矮，南方多水造成南派拳术比较细腻，迅疾紧凑，所以就有了"南拳北腿"之说。

中国武术门派之多，在世界武术中也是非常少见的。风靡世界的太极拳、攻坚打硬的少林拳、虚实相应的武当拳、刚柔结合的峨眉拳、咏春拳、游龙走凤的八卦拳、形神兼备的形意拳、稳健刚劲的南拳……丰富多彩的武术拳种让中华武术体系逐渐庞大；异彩纷呈的十八般武艺，也随着历史的发展而不断演化升级。

### 二　武术的发展历程

#### （一）远古的武术

武术在中国有着悠久的历史，它可以追溯到原始社会，起源于古代先民的生产劳动实践。古代先民为了生存繁衍，用棍棒等工具与野兽搏斗，逐渐积累了一些攻防经验。这些原始形态的攻防技能成为武术形成的基础。

原始社会末期，部落战争的频繁发生进一步促进了武术的发展。在部落战争中，远则使用弓箭、投掷器，近则使用棍棒、刀斧、长矛，凡是能用于捕斗搏击的任何生产工具都成了战斗的武器。这些原始生产工具和武器，后来大部分成了武术器械的前身。此时还出现了"武舞"。武舞，即手执兵器而舞，意在炫耀武力。史籍记载，大禹时期三苗部族多次反叛，征伐多次未能使之降服。后来，禹停止进攻，让士兵持斧和盾进行操练，请三苗部族的人观看这种"干戚舞"，以显示武力雄厚，三苗部族从此臣服。这是原始社会一次盛大的武术自卫演练。古代的"武舞"为后来武术套路的形成奠定了基础。

商周时期，利用"武舞"来训练士兵，鼓舞士气。在庄严的祭祀和朝廷宴会中，也会表演这种类型的武舞。传说周公就曾将周武王攻打商纣王的场面编成《大武舞》，在祭祀的时候进行表演。表演时，表演者拿着红色的"干"和玉制的"戚"，模仿格斗的场面。看到这种舞的周人在他们的诗里歌颂表演者如虎一样威猛。

### （二）先秦至汉朝的武术

春秋战国时期，各诸侯国都很重视格斗技术在战场中的运用。齐桓公举行春秋两季的"角试"来选拔天下英雄。在这时期，剑的制造及剑道都得到了空前的发展。

《吴越春秋》一书就记载了一个关于高超剑术的故事。在越国的民间，有一位女子的剑术非常高超，越王勾践听说了这位女子，就召请了她。女子在去见越王的途中，遇到了一位袁姓老人，老人说："我听说你善剑术，想要请教一二。"女子很大方地接受了老人的挑战。老人就从身旁拔起一根竹子，女子也找到一根竹竿。老人向女子连刺3次，每次都被女子挡了回去。待女子反击的时候，老人纵身一跃，变成白猿从树上逃走了。女子见老人逃走，便继续去见越王。越王问："你的剑术高明，那你习的剑道是什么？"女子回答说："我住在深山野林里，从没有习过什么剑道，只不过平时比较喜欢击刺，便每日练习，忽然有一天就会了。在我看来，击剑之战时，人的内心精神充实，外表安静，不动时就像安静的女子，动起来就像被激怒的老虎，腾跳之间，如同日影狡兔，来去无声，呼吸顺畅自然。若能如此，便可以战无不胜了。"越王听了女子的剑论，就请女子帮他训练士兵。不久，越国的剑法就闻名各国了。这位越国女子大概是史书记载的第一位来自民间的武林女高手了，史家不惜借用一只神猿来衬托她剑法的高超以及高妙的剑论。连民间都可以出这样的剑家，可以想见当时兵械武术水平之高。

  武术从战争走向个人大概是在战国时期。当时游士往来各国，四处行走，以武术防身也就变得非常有必要了。这些人中，有些被高级贵族看中，被请去当了刺客。司马迁的《史记》专门为这些刺客立了一个传，叫作《刺客列传》。司马迁大大赞扬了他们的勇武侠义精神，其中记载了鲁国刺客曹沫、吴国刺客专诸、晋国刺客豫让、韩国刺客聂政、燕国刺客荆轲的故事。

  燕国刺客荆轲，出生于战国末期的卫国朝歌。荆轲自小爱剑如痴，想用自己的满腔热血和称霸世间的剑术使天下太平。荆轲刺杀秦王时，将匕首藏在地图里，趁秦王看地图时，操起匕首刺向秦王，却被秦王躲开，于是他就追刺秦王，秦王拔剑抵挡，但剑太长，一时抽不出。就在秦王没法逃脱的时候，荆轲被秦王的医生用药囊砸中，卫士才来得及上前抓住了荆轲。当时的场面非常惊心动魄，荆轲以视死如归的气魄和撼动山河的壮举，使自己的侠义精神永载史册。

秦汉时期，盛行角力、击剑，有宴乐兴舞的习俗。史书记载那些大力英雄时常常用到"力拔山兮""力能扛鼎"等词语。西楚霸王项羽（前232—前202）就是一位最有名的英雄，"力拔山兮"就是赞叹他的力气的。

项羽的祖先世代为楚国名将，在楚国享有盛誉，祖父项燕是楚国最后一位大将。公元前223年，秦灭楚，项燕兵败自杀，那时项羽才10岁。楚国灭亡，项氏家族也就衰落了。项羽从小由叔父项梁养大，小小年纪，不仅目睹了国破家亡，也担负起了家族复兴的重任。因此项梁对他很严厉，很小就教他读书学剑。但项羽不好好学，往往半途而废。项梁大怒，斥责他道："你到底要干什么？"项羽从容答道："读书只能来记名姓，学剑再好也只够敌一人。我要学敌过万人的本领！"项梁见他从小胸怀大志，很高兴，就教他学习兵法。在战火和奔波的磨炼下，项羽茁壮地长大了。他继承了祖先勇猛善战的传统，"长八尺余，力能扛鼎，才气过人"，吴中子弟对他非常敬畏。这为后来的雄霸天下打下了良好的基础。

### （三）魏晋至唐朝的武术

东晋时已经有了道教武术。道教武术一开始是以剑术为主导，后来又融入了本门的采气导引之术，逐渐形成自己的特色武术。大概在北魏时期，社会不安定，经常发生战争，为了护法护寺，少林僧人积极练武，从而形成少林武术。少林武术以棍术为主，这和佛法要求戒杀有关，而棍术也成为少林特色武术，流传至今。

少林武术是中原武术中范围最广、历史最长、拳种最多的武术门派，以出于中岳嵩山少林寺而得名。少林武术的发扬光大始于隋唐之际的一件大事。隋朝末年，天下大乱，少林寺被山贼所劫，僧众奋起抗敌，贼人放火烧毁寺院。唐王李世民与郑帝王

少林武术

世充作战,少林武僧应邀相助,活捉王仁则,逼降王世充,这就是著名的"十三棍僧救唐王",也是著名电影《少林寺》的历史原型。李世民即位后,对十三僧人大加赏赐,少林寺再度兴旺起来,少林武术也开始繁荣发达,逐渐成为中原武林第一门派。

少林武功博大精深,是天下最大的武学宝库,为武林第一大门派,因此在江湖上,少林派常常充当着"道义"的维护者、裁判者的角色。如金庸《无龙八部》中说,天下武学的最高境界,就在少林。

在唐朝,武术成为正式的选拔人才的考试,当时被称为武举,由女皇武则天创制。《新唐书》有载,公元702年,武则天制定出武举制度,即通过考察应试者的射箭术、骑术、枪术、力术等武艺技能,也包括考察应试者的相貌、身材、言语等,选拔军将人才,并用考试的办法授予一定的称号。比如平定"安史之乱"的大将郭子仪就是武举出身。

武术中的剑术在唐代得到很大的推崇。大诗人李白年轻时就非常好剑,还跟人学过剑术。他四处游历时,经常佩剑防身。有一次,李白与好友吴指南结伴同游期间,行至湖南时,吴指南突患重病逝世。李白悲痛万分，伏其尸首前恸哭，恰逢猛虎来袭。倘若李白偷偷逃走，猛虎便会将吴指南的尸体撕碎食用，李白不忍好友死无全尸，于是硬着头皮与猛虎对峙，竟以手中之剑将猛虎给逼退了。李白不畏生死，为保全兄弟尸体，与猛虎搏斗，实乃勇气非凡。

杜甫也曾在他的诗歌《观公孙大娘弟子舞剑器行》里描述过唐人的剑术。他说，早年公孙大娘表演剑术，出剑干脆利落，如同后羿射掉九个太阳；收剑敛声静气，如同泛着清光的平静江面；她的气势如同雷霆震怒，身姿如同骑着神龙飞翔。从杜甫的描述，我们可以想见唐人剑术之高超。

### （四）宋朝至清朝的武术

民间武术的壮大是在宋朝。宋朝民间涌现出大量以"社""堡""山寨"为名的武术组织。宋朝积弱，经常受到北方辽金、契丹的侵扰，这些武术社团组织起来有时候也是为了抗击敌人，保卫家园。1127年，宋室南迁，在岳飞、韩世忠为首的爱国将领的提议下，大部分军民奋起习武，保家卫国。岳飞精忠报国的故事就广为流传。

岳飞是南宋时著名的将领。岳飞小时候，就十分喜欢武艺，经常使枪弄棒，弯弓射箭，练就了一副强健的体魄。

当时，北方的金兵常常攻打中原。岳飞的母亲为鼓励儿子报效国家，在他背上刺了"精忠报国"四个大字。孝顺的岳飞不敢忘记母亲的教诲，那四个字成为岳飞终生遵奉的信条。每次作战时，岳飞都会想起"精忠报国"四个大字。由于他勇猛善战，取得了很多战役的胜利，立下了不少功劳，因此名声传遍了大江南北。

岳飞还建立起一支纪律严明、作战英勇的抗金军队——"岳家军"。"岳家军"的士兵都严格遵守纪律，宁可自己忍受饥饿，也不敢打扰人民；晚上，如果借住在民家，他们天一亮就起来为主人打扫卫生，清洗餐具后才离去。"岳家军"的士气让金军闻风丧胆。金兵统帅长叹道："撼山易，撼岳家军难！"在一次岳家军与金军的战役中，当岳家军追到距金兵大本营只有45里路时，眼看就要大功告成收复江山了，但由于皇帝赵构担心岳飞打败金兵后会接回原先的皇帝，而自己的王位就保不住了，因此和奸臣秦桧连发12道金牌，命令岳飞退兵。秦桧还诬告岳飞谋反，将他关入监狱，以"莫须有"的罪名将岳飞毒死。

岳飞虽然含冤去世了，但岳飞精忠报国、慷慨悲壮的动人故事，一直在中国民间广为流传。

明朝十八般武艺的明确标志着武术体系的成熟。《五杂俎》中记载了这十八般武艺的内容，包括：一弓，二弩，三枪，四刀，五剑，六矛，七盾，八斧，九钺，十戟，十一鞭，十二锏，十三镐，十四殳，十五杈，十六钯头，十七绵线套索，十八白打。

武术在清代有一个特别的趋向，它不再单纯地通过磨炼武技来进步，而是和中国传统文化的一些观念融合在一起，以天人合一为最高境界。武术并不以竞技为主要目的，调和身体与自然相协调才是他们积极追求的目标。代表性的武术有杨露禅传授的太极拳。

杨露禅，名福魁，河北广府(今永年县)人。在陈氏师徒练拳时，杨露禅就在一旁观看，久而久之，竟有所得。这件事后来被师父陈长兴发现，见他是可造之才，陈长兴不但没有怪罪他，反而大胆摒弃门户之见和江湖禁忌，允准他在业余时间正式学习太极拳。这样，杨露禅才得以正式拜陈长兴为师。这便是民间传说中的《杨露禅陈沟偷拳》。

露禅正式拜师后，18年中三下陈家沟，深得陈式太极拳所传精髓。练成时，他已是40岁左右的中年人了。为了生活，他先在家乡永年教授太极拳，后被人推荐去北京授徒。因武艺高强，号称"杨无敌"。他在北京授拳时，因弟子多为王公大臣、贝勒贵

族，他们的生活奢侈而体弱多病，又不肯吃苦，杨露禅考虑到这些人的身体素质和健身需要，于是将自己所学太极拳中的一些高难度动作简化，使姿势变得简单，动作柔和易练。所以此拳一出，在京津一带影响很大，学习的人也越来越多。后经其子孙修改，定型而成杨式太极拳。

## 三　中国传统武德

中国古代武术不仅逐渐形成了一整套自己独特的理论、技术功法，也形成了一套与武术密切相关的道德体系，这就是人们常说的武德。古代武术尽管有千门万派，但是，所有的门派都不约而同地把培养武德作为习武者的首要任务。武德已经成为中国古代武术的一个重要组成部分，被视为中国武术的最高境界。

儒家思想认为，武德主要包含"仁、义、礼、信、勇"五方面。仁是指道德意识，要用广博的爱心去对待一切人；义是依仁而行的方法、途径、标准以及伦理观念；礼表示恭敬辞让之心、为人处世、待人接物的礼节仪容；信表示诚实可靠、信守诺言；勇则表示惩恶扬善、见义勇为。

在中国历史上，曾经出现过许多既精通武技又具备武德的能人，有的身为侠士专与土豪恶霸为敌；有的路见不平、拔刀相助、仗义济民；有的身为朝廷武将，为保家卫国、反抗当朝的统治而投身到农民起义军的战斗行列，留下了许多可歌可泣的感人事迹。

## （一）武圣关羽

中国古代有一位很有名的武将，至今依然家喻户晓，他就是大名鼎鼎的关羽，也叫关云长，人们尊敬地称他为"关公"。明代以后，人们甚至把他当作了神——武财神，或者奉他为帝——关帝。至今在中国许多地方，人们还能见到专门供奉他的关帝庙。

人们为什么如此尊敬关羽呢？这是因为他代表了中国传统的武德，可以说，他是中国传统武德的践行者和集大成者，是传统武德的化身。

关羽生于东汉末年，他曾与刘备、张飞桃园结义，后来关羽终其一生追随刘备，成为带兵打仗的主将，参与到争霸天下的混战中。关羽身材威武，武艺高强，擅长使用长柄大刀。在一次单挑悍将华雄的决战中，出战前别人为他送行斟上了热酒，关羽沉着地说："等我回来再喝吧！"等关羽斩杀了敌将华雄回到营帐时，那杯酒依然还是温热的。在驻守荆州时，有一次敌将鲁肃不怀好意地设宴邀请关羽，许多人劝关羽不要上当，不要把自己往虎口里送。但关羽毅然前往，仅让周仓一人随从，表现出了果敢无畏与诚实守信的精神品格。

当时曹操曾想尽办法笼络关羽，希望能把他长期留在身边共图霸业。曹操每隔三五日就要宴请他，送他各种东西，还送过10名美人，甚至还为他讨了个"汉寿亭侯"的封爵。但关羽得知刘备下落后，即刻挂印封金，冲破重重阻拦，连闯五道城关，斩杀了曹操手下的六员守关将领，不远千里又回到了刘备身边。

不过关羽也曾经做过一件遭到非议的事情，那就是赤壁之战中关羽华容道放走曹操。有人质疑关羽怎么能把强敌的首领放跑了。其实，关羽这样做自有其道理：关羽在曹操的军营里时，曹操对他照顾得十分周到。虽然曹操知道关羽的心思，一心要追随刘备，但曹操并没有为难他，更没有要杀害他的意思。曹操这种惜才的态度才使关羽找到了机会脱离曹营。曹操对关羽有恩，关羽要报恩，所以就放走了曹操。

正是这一表面看似很不合理的行为再次给关羽加了分，因为关羽遵循了中国传统道德中的"义"，即做人做事要讲情义。由此看来，关羽集"忠""勇""信""义"于一身，所以他在古代的武将中脱颖而出，俨然一位兼具所有武德的军神，成为习武者尊奉的楷模，具有历朝历代其他武将无法企及的崇高地位。

### （二）保家卫国穆桂英

穆桂英生活在战争频发的北宋年间，她的父亲原本在朝为官，因遭奸臣陷害，才遁入绿林，在辽宋边界的高山险地自建穆柯寨，做起了劫富济贫的营生。穆桂英自幼在山寨中长大，不仅武艺超群、能征善战，身上还充满了江湖侠客刚强不屈、勇武豪迈的气概。

有一年，与北宋对峙多年的辽王朝经过精心策划后，又派大军进犯宋朝边境。辽军布下天门阵，使宋军屡屡受挫。为了攻破天门阵，宋军需用穆柯寨的镇寨之宝"降龙木"制作一种特殊的兵器。宋军主帅杨延昭于是派自己的儿子杨宗保和两员大将前去强行索取，结果不但铩羽而归，杨宗保还被穆桂英擒上山寨。穆桂英见杨宗保年少英俊，又是忠良之后，顿生爱意，二人在穆柯寨中喜结良缘。

新婚后，杨宗保还有军务在身，通情达理的穆桂英将他送下山寨回营复命。不料，杨延昭闻知杨宗保大敌当前不报父母私自娶亲，要将他处斩。穆桂英闻讯救夫心切，立即下山独闯宋营。她向杨延昭许诺："如果免去宗保之罪，她和父亲可以国家大局为重，抛开与朝廷的恩怨，献上降龙木，攻打天门阵。"杨延昭慨然应允。穆桂英从此成为杨家将的一员，走上了保境安民的抗敌之路。穆桂英不但成功地破了天门阵，大败辽兵，还多次率兵出征，战功累累，被封为"浑天侯"。

一次，穆桂英领兵作战，杀得敌军节节败退、正乘胜追击之时，突然分娩。败退的辽兵稍后听到战报，立即停止撤退，意图卷土重来。刚刚分娩三天的穆桂英得此消息，拖着虚弱的身躯，不顾众人的劝阻，立即披挂点兵，准备迎敌。反扑回来的辽兵见穆桂英身披盔甲，正威武地站在帅台上调集兵将，以为分娩之言是诈兵之计，立即撤军北去，退回边境。如今北京延庆县境内尚有一块巨石，当地人传说巨石所在之处就是当年穆桂英点兵退敌之处，石上至今留有穆桂英的脚印和28个放置帐篷杆的小坑。

穆桂英以国家和民族大义为重，一生戎马，战功彪炳，"急公好义，以天下为己任"的侠者精神，在穆桂英身上得到了完美的体现。

在源远流长的中国武术历史上，武林中人才济济，高手辈出。荆轲、项羽、关羽、郭子仪、穆桂英、岳飞、韩世忠、戚继光、杨露禅……他们的身上闪耀着保家卫国、自强不息、行侠仗义、诚信谦让的武德光芒，成为人们耳熟能详的中华武林高手。如今人们习练武术，更多的是为了健身，为了塑造身心，追求超越机体的局限，使身心得到升华的最高境界。

## 第三节　琴棋书画

琴棋书画，指琴瑟、围棋、书法、绘画四种古代艺术性文物或技艺，又称"雅人四好"，被誉为"中国的四大古典艺术"。旧时文人多引以为风雅，今天常用来表示个人的文化素养。将琴棋书画四大类相提并论者，最早见于唐代张彦远的《法书要录》，"辩才博学工文，琴棋书画，皆得其妙"。

古琴

### 一　琴

琴，亦称"七弦琴"，俗称"古琴"，是中国最早的弦乐器之一，也是中国最早的弹拨乐器。古琴历来为文人阶层重视，被尊为"国乐之父""圣人之器"，与其他的思想和艺术形式相互渗透，交相辉映，在中华传统文化中占有举足轻重的地位。

#### （一）伏羲发明琴瑟

传说华夏民族先祖伏羲发明了琴。相传有一天伏羲巡视至西山桐林时，遇见金、木、水、火、土五星闪烁，只见霞光万道，天地间的光芒精华尽坠于一颗梧桐树上。他正觉得奇怪，又忽见两只美丽的大鸟翩然飞至，降落在这颗梧桐树上。这两只鸟一为"凤"，一为"凰"，是罕见的神鸟。神鸟选择栖息在这棵梧桐树上，可见此梧桐树夺日月之精华，吸天地之灵气，一定是树中的极品良材。伏羲想，若用它来制造琴器，必能奏出雅乐。

伏羲便命人砍伐这株梧桐。此树高3丈3尺，伏羲将梧桐截成3段，并将中段梧桐木浸泡在流水中，足足浸泡了72天之后，命巧手匠人刘子奇将其制成乐器。一张绝世的好乐器终于制成了。伏羲又联想到百鸟朝凤的情景，凭着灵感他创作了乐曲，供人弹唱。于是每当人们庆贺丰收或遇佳节喜事，便举办盛大的宴会，在宴会上用新制的乐器弹唱伏羲创造的乐曲。从此，人间便有了古老的乐器——琴。

### （二）"乐圣"师旷

师旷（前572—前532），字子野，春秋晋国人。师旷是盲人，常自称暝臣、盲臣，是著名的政治家、教育家、音乐家。后世称之为"乐圣"。他终其一生写下《宝符》100卷，为后世留下了宝贵的音乐历史篇章。

师旷精通音律，琴艺尤为超凡，令人惊叹。有一段故事，情节较为夸张，不过也从另一个角度描述了师旷琴艺的高超。一次晋平公设宴招待卫灵公，席间卫国的琴师师涓正在弹琴，忽然师旷走到琴前把琴按住，大声喝道："别再往下弹啦！这是《清商》，是亡国之音，昔日殷纣王爱听这种靡靡之音，遂致亡国，难道说你们就不怕亡国吗？"

晋平公问师旷："我就爱听这种琴曲，这《清商》是不是最好听的曲子？"师旷无奈地回答说："好听美妙的琴曲还有《清徵》。"晋平公对师旷说："你是当代最有名的琴师，你给我们弹奏一曲如何？"师旷带着轻蔑的口吻说："不行，古时听《清徵》的都是贤德的君主，您的德义还不够。"晋平公以请求的口吻说："寡人酷爱音乐，请您把最好的乐曲弹给我听，我要重重赏你。"

师旷难违君命，只好坐下来，展开了自己的琴。当他用奇妙的指法拨出第一串音响时,便见有16只玄鹤从南方冉冉飞来,一边伸着脖子鸣叫,一边排着整齐的队列展翅起舞。当他继续弹奏时,玄鹤的鸣叫声和琴声融为一体,在天际之间久久回荡。晋平公和参加宴会的宾客一片惊叹。

曲终,晋平公激动地提着酒壶,离开席位向师旷敬酒道:"在人世间,大概没有比这《清徵》更悲怆的曲调了吧?"师旷答道:"不,它远远比不上《清角》。"晋平公喜不自禁地道:"那太好了,就请太师再奏一曲《清角》吧!"

师旷急忙摇头道:"使不得!《清角》可是一支不同寻常的曲调啊!它是黄帝当年在泰山上会集诸鬼神而作的,怎能轻易弹奏?今天大王要我弹奏此乐,只怕有祸无福啊。"但晋平公坚持一定要听,师旷无可奈何,只好勉强从命,弹起了《清角》。当一串玄妙的音乐从师旷手指流出,人们就见西北方向晴朗的天空陡然滚起乌黑的浓云。当第二串音律飘离殿堂时,便有狂风暴雨应声而至。当第三串音乐骤起,但见尖厉的狂风呼啸着,掀翻了宫廷的房瓦,撕碎了室内的一幅幅帷幔,各种祭祀的重器纷纷被震破,屋顶的瓦片坠落一地。

满堂的宾客吓得惊慌躲避,四处奔逃。晋平公也吓得抱头鼠窜,趴在廊柱下,惊慌失色地喊道:"不能再弹《清角》了!赶快停止……"师旷立即停手,顿时风止雨退,云开雾散。在场所有的人打心底里佩服师旷的琴艺。卫国乐师师涓大开眼界,激动得上前握住师旷的手说:"你的技艺真可惊天地、泣鬼神啊!"

晋平公死后,史书上不再见有关于师旷的记载,极具传奇色彩的师旷,成了后世人们心目中哲理和音乐的化身。

### (三)"琴仙"俞伯牙

俞伯牙是春秋时期晋国的上大夫、著名的琴师,擅弹古琴,技艺高超。俞伯牙还是作曲家,被人尊为"琴仙"。据说琴曲

俞伯牙抚琴图

《高山》《流水》和《水仙操》都是俞伯牙的作品。

有一年,俞伯牙奉晋王之命出使楚国。八月十五那天,他乘船来到了汉阳江口,在江上遇到了大风浪,于是就把船停泊在一座小山下。晚上,风浪渐渐平息下来,云开月出,景色十分迷人。望着天上的那轮明月,俞伯牙琴兴大发,拿出随身带来的琴,专心致志地弹了起来。他弹了一曲又一曲,正当他完全沉醉在优美的琴声中时,猛然看到一个人在岸边一动不动地站着。俞伯牙吃了一惊,手下一用力,只听"啪"地一声,琴弦被拨断了一根。俞伯牙正在猜测岸边的人为何一直站在那儿,就听到那个人大声地对他说:"先生,您不要疑心,我只是个打柴的人,回家晚了,走到这里听到您在弹琴,觉得琴声绝妙,不由得就站在这里听了起来。"

俞伯牙借着月光仔细一看,那个人身旁放着一担干柴,果然是个樵夫。俞伯牙心想:一个打柴的樵夫,怎么会听懂我的琴呢?于是他就问:"你既然懂得琴声,那就请你说说看,我弹的是一首什么曲子?"

听了俞伯牙的问话,那打柴的人笑着回答:"先生,您刚才弹的是孔子赞叹弟子颜回的曲谱。只可惜,您弹到第四句的时候,琴弦断了。"

打柴人的回答一点儿也不错，俞伯牙不禁大喜，忙邀请他上船来细谈。那打柴人也不推迟，上了船，看到俞伯牙弹的琴，说："这是瑶琴，相传是伏羲氏所造。"接着他又把这瑶琴的来历说了出来。听了打柴人的这番叙述，俞伯牙心中不由得暗暗佩服。接着俞伯牙又为打柴人弹了几曲，请他辨识其中之意。俞伯牙用琴声表达的心意，过去没人能听得懂，而眼前的这个樵夫，竟然听得明明白白。没想到，在这野岭之下，竟遇到自己久久寻觅不到的知音，于是他问："敢问您的姓名？"打柴人微微一笑，说："我叫钟子期。"

俞伯牙和钟子期越谈越投机，他们相见恨晚，便结拜为兄弟，约定来年的中秋再到这里相会。

第二年中秋，俞伯牙如约来到了汉阳江口，可是他等啊等啊，等了很久都没见钟子期来，后来得知，钟子期已不幸染病去世了。临终前，他留下遗言，要把坟墓修在江边，到八月十五相会时，好听俞伯牙的琴声。

听了老人的话，俞伯牙万分悲痛，他来到钟子期的坟前，凄楚地弹了一首曲子，这就是后来流行的《高山流水》。弹罢，俞伯牙挑断了琴弦，长叹了一声，把心爱的瑶琴在青石上摔了个粉碎。他悲伤地说："我唯一的知音已不在人世了，这琴还弹给谁听呢？"

两位知音的友谊感动了后人，人们在他们相遇的地方，筑起了一座古琴台。直至今天，人们还常用"知音"来形容朋友之间的情谊。

千百年来，琴的演奏绵延不绝。古琴艺术以它古老而灵动的意象，以高洁而深沉的旨趣，向人们展示着中国传统文化的独特魅力。

## 二 棋

与琴、书、画合称的"棋",是被古人看作高雅棋类的围棋。围棋,又称"弈""弈棋"等,又雅称"坐隐""手谈"。因以围困对方、吃子多而取胜,故称"围棋"。围棋是中国传统棋戏之一,也是世界上最古老的棋种。

### (一)尧造围棋

围棋起源于中国,相传"尧造围棋以教子丹朱"。尧娶妻富宜氏,生下儿子丹朱。但丹朱非常贪玩,喜欢玩打仗的游戏,常常弄得满身是伤。尧很难过,于是制作了围棋,"以闲其情"。这就是最早出现的围棋雏形。这样丹朱在棋格上就能体验冒验的乐趣,而不用东跑西颠冒着受伤的危险玩乐了。按照这种说法,围棋诞生之初,就具有开发智慧、纯洁性情的作用。

### (二)"鼻祖"弈秋

弈秋是春秋时期人,是中国史籍记载的第一位棋手,是"通国之善弈者",他棋艺高超,被称为围棋的"鼻祖"。由于弈秋棋术高明,当时就有很多年轻人想拜他为师。弈秋收下了两名学生。一个诚心学艺,听先生讲课从不敢怠慢,听课十分专心;另一个学生却不下功夫,上课时心不在焉,总是探头探脑地朝窗外看,想着外面大雁什么时候才能飞来,好张弓搭箭射两下试试。两个学生同在学棋,同拜一位名师,前者学有所成,成为远近闻名的高手,后者未能领悟棋艺,学无所成。这说明,专心致志是下好围棋的先决条件。

### （三）关羽下棋刮骨疗伤

三国时期，蜀国大将关羽也酷爱与人下棋。一次他在攻城时，被毒箭射中右臂，将士们取出箭头一看，毒已渗入骨头，劝关羽撤军治疗。关羽决心攻城而不肯退。将士们见关羽箭伤逐渐加重，便派人四处打听名医。

一天，有人从江上驾舟来到寨前，自报姓华名佗，特来给关羽治伤。关羽问华佗怎么治？华佗说："我担心你害怕，治疗时需立一根柱子，柱子上吊一个环，把你的胳膊套入环中，用绳子捆紧，再盖住你的眼睛，给你开刀治疗。"关羽笑着说："如此容易，何用柱环？"然后吩咐设宴招待华佗。关羽喝了几杯酒后就开始与人下棋，同时把右臂伸给华佗，并说："随你治吧，我不害怕。"只见华佗取出尖刀，切开肉皮，用刀刮骨，发出滋滋的声音，在场的人都吓得用手捂住眼睛。再看关羽，只见他饮酒食肉，谈笑弈棋，若无其事。华佗刮尽骨毒，为关羽敷上药，用线缝好伤口，说："我行医以来，从没见过像您这样了不起的人，将军真乃神人也。"

有诗云：棋国大师今几许，神威终古是云长。

### （四）王质与烂柯山

晋朝时期，围棋风靡一时，民间关于围棋的传说也多了起来，其中最有名的便是千百年来脍炙人口的烂柯山的故事。据说，衢州一位名叫王质的樵夫，打柴时遇到两位仙人下棋，他在一旁看迷了，天色很晚时才想起该回家了，于是他拿起打柴用的斧头准备回家，却发现斧柄已经腐烂了，回到村里，发觉村民都是陌生的面孔。他一问才知，原来人间已过了500年，他这才明白自己是遇见了神仙。由于"柯"的意思是斧柄，所以围棋又叫"烂柯"。大概"烂柯"的名字就源于此吧。

围棋也叫"忘忧"，因为下棋可以忘怀忧虑；围棋还叫"坐隐"，因弈棋时两人对坐，专心致志，对其他事一概不闻不问，犹如隐居而得名。总之，这都是具有中国文化底蕴的名字。

### （五）以棋品观人品

唐朝东都留守吕元应，常和门客们下棋。有一回，他正下着棋，收到了大量公文要他立即处理。吕元应刚拿起笔来准备批复，下棋的门客迅速偷换了一子。吕元应看得一清二楚，只是未动声色。门客最后胜了这盘棋。第二天，吕元应就请这位门客走了。临行时，吕元应依然以礼相待。

10多年过去了，吕元应终因重病不治即将离世，于是他把儿子、侄子叫到床前，对他们说："交朋友必须认真选择。"接着，他向他们讲述了10年前与门客下棋的那段往事，他说："偷换一子，我倒并不介意，但由此可见此人内心卑下，不可深交。你们一定要记住这些。"吕元应的遗言是他多年察历人生的经验之谈，可见棋品和人品是不可分割开的。

"棋品观人品"，奇幻的黑白世界蕴含着极其丰富的文化意义。围棋是中国的国棋，同时也是人类历史上最悠久的棋戏。一张方圆不足二尺的棋盘上，一十九纹棋路纵横交错，泾渭分明；三百六十一枚黑白棋子错落有致，变幻无常，包罗万象。对弈表面上只有黑白棋子的排布，实际上是个人心智、胆识、耐力的比拼。围棋几千年来长盛不衰，逐渐地发展成了一种文化竞技活动。

## 三 书

"书"即书法，是中国特有的汉字书写艺术和线条造型艺术，历来与绘画并列，合称"书画"。它以汉字为表现对象，以毛笔为主要表现工具。它是中华民族的文化瑰宝，也深受文人墨客的喜爱。我国几千年的书法历史源远流长，出现了王羲之、柳公权、颜真卿、欧阳询、赵孟頫、黄庭坚、蔡襄等一大批书法大家，书坛群星璀璨，在中华民族文化艺术殿堂中占有极其重要的地位。

### （一）蒙恬发明毛笔

"笔墨纸砚"文房四宝里，毛笔为首，其作为中国传统的书写工具，传说是由战国时期的秦国大将蒙恬发明的。

公元前223年，蒙恬带兵在外作战，为了让秦王能及时了解战况，蒙恬定期写战报上奏秦王。当时，人们是用竹签蘸墨，然后写在丝做的绢布上，这种书写速度很慢，而且很不方便。蒙恬便萌生了改造笔的念头。

一天，蒙恬打了几只野兔回营，一只兔子的尾巴拖在地上，血水在地上拖出弯弯曲曲的痕迹。蒙恬大受启发，他剪下一些兔尾毛，插在竹管上，试着用它来写字，但写起来断断续续，效果不好。后来，他无意中发现，经过碱性水浸泡后的"兔毛笔"，毛色白而柔软、吸墨足，写起字来非常流畅，很快就能在白绢上写好奏章，字体看起来也十分圆润。以后，蒙恬就常用这种"笔"写奏章，制笔的笔须也改用狼毛。

### （二）"书圣"王羲之

王羲之（303—361），字逸少，琅琊（今山东）人，东晋时期书法家，被称为"书圣"。王羲之虽出生于名门之家，但他为了学习书法，付出了多年的艰辛努力，因此成了古代杰出的大书法家。

王羲之大约五六岁的时候，就拜卫夫人为师学习书法。他博采众长，草书学张芝，楷书学钟繇，进步神速，终于自成一家。

他用行书写的《兰亭序》，字体秀美，书写流畅，被誉为"天下第一行书"。

据说有一次，王羲之路过一个村子的集市，看到一位老婆婆拿着10多把六角形的竹扇在集上叫卖。那是一种很简陋的竹扇，老婆婆卖不出去，十分着急。王羲之很同情那位老婆婆，就上前问道："一把扇子多少钱？"老婆婆说："只要20多文钱就够了。"王羲之说："你这竹扇上没画没字，当然卖不出去。我给你题上字，怎么样？"王羲之提起笔来在扇子上龙飞凤舞地写了5个字。老婆婆不识字，觉得他写得很潦草，就埋怨他说："我们全家就靠卖扇子的钱吃饭呢，你在上面写字，我怎么卖得出去呢？"王羲之胸有成竹地说："别急。只要你说是王羲之的题字，开价100也会有人来买。"老婆婆将信将疑地叫卖，集上的人一看真是王羲之的书法，都抢着买。一箩竹扇马上就卖完了。

关于王羲之的故事，还有一个广为流传。过去做生意的店家一般都给自家的店号起个吉利的名字，挂个木制的招牌。有

王羲之《兰亭序》

一家商店生意不错，后来他们扩大了门面，增添了货物，招牌也想换个新的。有人找来了一块曾经用来祭神的木板，板上写满了祭祝的文字。开始，人们并不在意。后来，商店老板想让

人把木板上的毛笔字洗去，好写新的内容，哪知擦洗了半天，木板上的毛笔字不仅没有擦掉，反而更清晰了。他们洗不掉就刨，结果木板刨了一层，笔迹仍依稀可见；木板刨了两层，笔迹还能看见。大家都很惊讶："这是谁写的字，这样深刻有力？于是店主请来一位懂书法的老先生看，老先生立即惊叹得叫起来："这是大书法家王羲之的笔迹啊！这字如此深刻有力，真是入木三分啊！"

### （三）书坛怪杰米芾

米芾（1051—1107），字元章，祖籍太原（今属山西太原），后定居润州（今江苏镇江）。北宋著名的书法家、书画理论家，鉴定家、收藏家。因他放任不羁、举止癫狂，又被称为"米颠"。米芾、苏轼、黄庭坚和蔡襄被并称为宋代四大书法家。

米芾为人痴癫，在皇帝面前也不掩饰。有一次，徽宗和蔡

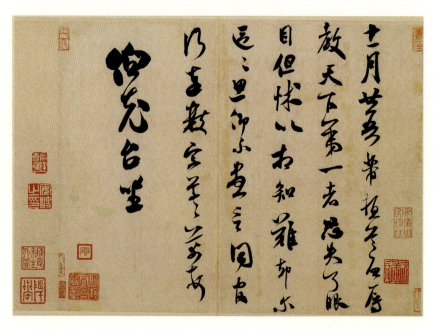

米芾书法作品

京讨论书法，召米芾进宫书写一张大屏，并指着御案上的砚对他说可以用。米芾看中了这方宝砚，写完之后，捧着砚跪在皇帝面

前，说这方砚经他污染后，不能再给皇帝使用了，要求把砚赐给他。徽宗答应了他的请求。米芾高兴地抱着砚，手舞足蹈地跳了起来，然后跑出宫中，弄得满身是墨。徽宗对蔡京说："米癫名不虚传也。"

米芾曾住在镇江千秋桥东面。他的叔太爷为了巴结一个喜欢画画的大官，来找米芾帮那位官员画一幅画。米芾碍于父亲的面子，只好答应了下来，可是一拖就是三年。叔太爷急了，一直催促米芾。实在没办法了，有一天，叔太爷亲自到米芾家里催他画画。可从早上一直等到晚上，米芾才开始磨墨，只见他一下子摊开了纸，然后"砰"地一下把圆砚台往纸上一盖，过了一会儿，把画纸一卷，递给叔太爷，道："叔太爷，您拿回家去吧。不过路上您千万不能看！到家以后再看吧。"

于是，叔太爷拿着画就往家赶。走到了千秋桥顶时，他实在忍不住了，把画刚一摊开，只听"扑通"一声，好像有什么东西跳到河里去了。他往桥下一看，只见一个月亮正慢悠悠地往下沉。这时水影里有两个月亮，一模一样。叔太爷赶紧下去捞，可哪能捞得上来啊！他只好爬到岸上来。再一看画，成了白纸一张！叔太爷急忙跑回来找米芾。米芾说："谁叫你路上看的？我用砚台画出个月亮，叫你不要看。现在月亮跑了，只能怪你自己。"

米芾用圆砚台画月亮的故事一时成了笑谈。

## 四　画

画即中国画，又称"国画"，古时称为"丹青"，是用毛笔、墨及颜料在宣纸或绢上进行绘画的中国传统民族艺术。

### （一）画的起源

中国画起源于古代，中国向来有书画同源之说。有人认为伏羲画卦、仓颉造字，开启了书画创作的先河。

中国画历史悠久，据记载，远在2000多年前的战国时期就出现了画在丝织品上的绘画——帛画。随着社会的发展，人物画、山水画、花鸟画等绘画流派纷呈、各领风骚，并且，绘画与诗文、书法以及篆刻相互影响交融，形成了诗书画一体的艺术传统。中国古代艺术史上，涌现出许多热爱生活、崇尚艺术的伟大画家，创作出了名垂千古的传世名画。

### （二）全能画家顾恺之

顾恺之（约348—409），字长康，晋陵无锡（今属江苏无锡）人，是中国东晋时代的画家。顾恺之博学有才气，诗赋、书法、绘画三者都很精通，被人们称为"画绝、文绝、痴绝"。

据说在顾恺之很小的时候，他的母亲就去世了。他稍长大了一些，便每天缠着父亲追问母亲的长相。他的父亲被儿子的情思所感动，便不厌其烦地一遍遍叙述妻子的长相和衣着。顾恺之把这一切都牢牢地记在自己的脑海里。

国画 花鸟画

8岁那年，顾恺之忽然向父亲要笔墨，说要给母亲画张像。他父亲听后十分诧异："你母亲去世时，你还那么小，不可能记得她的长相，怎么画呢？"

顾恺之答道："我就按您说的画，一天不像画两天，两天不像画三天，一定要画像了为止。"

父亲不再说什么，给他

准备好了笔墨和纸。于是，顾恺之每天都坚持画，画好了就给父亲看，看了以后再改。渐渐地，母亲的像居然有几分相像了，但就是眼睛画不好。顾恺之又用心地去琢磨，一年过去了，两年过去了，终于有一天，顾恺之把再次画成的母亲像给父亲看，父亲竟然看呆了，说："像，像，太像了！眼睛特别像！"通过几年的苦练，顾恺之终于掌握了传神点睛的绘画技巧。

### （三）诗书画三绝郑板桥

郑板桥（1693-1765），名燮，字克柔，江苏兴化人。清代书画家、文学家，"扬州八怪"之一。他在书法、绘画、诗文、印石等方面都有很大的成就。郑板桥一生，以写画竹子最有名。

郑板桥有一个朋友，家里新砌了一道墙，他一直请求郑板桥在墙壁上画幅画，可是郑板桥总是没时间。有一次，这个朋友请郑板桥和其他一些朋友到家里喝酒。酒席喝到一半，主人当着大家的面，非请郑板桥在墙壁上画一画不可。郑板桥推辞不掉，只好说："行，你磨墨吧！"

郑板桥

主人连忙让儿子拿来一砚墨来，郑板桥一看，说道："不行，太少了，要磨半小盆的墨。"大家一听，那么多的墨，难不成要将整壁墙都涂黑？主人也很怀疑，但还是让儿子端来半小盆的墨。郑板桥醉得摇摇晃晃，走到墙壁前面，用手往盆子里一沾，就往墙上抹起来，抹了几把，又把盆子里的墨汁都泼到墙壁上，弄得黑鸦鸦一片。大家都不知道他在画什么。主人又不好涂掉，只好留下来，自己生闷气。

格物致知

过了几天,天降雷雨,电闪雷鸣。奇怪的是,雨过天晴后,这道墙壁前面竟然死了上百只麻雀。

有一天来了一个老头,到他家门口,对着墙壁仔细地看。主人好奇地问:"您在看什么?"

"这画,一定是名人画的吧?"老头问。

主人心中还有气,说道:"哪是什么名人,只是一个朋友用手抹的。"

老头问:"这画画成之后,是不是发生了什么奇怪的事?"

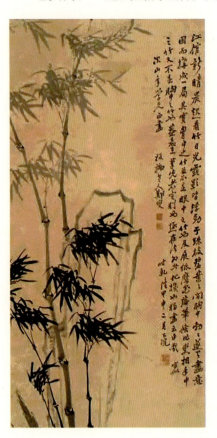

郑板桥作品

主人答:"奇事倒是有一件,前几天下大雨,又打雷又打闪,之后就在墙壁前面发现死了上百只的麻雀。"

老头点头说道:"这画画得真是太好了!一般人看不出他画的是竹林,只有打雷下雨的时候,闪电一照,才看出是竹林。那天麻雀把它当成真的竹林,就飞来避雨了,所以就撞在墙上死了。"

这就是郑板桥的画绝。他画的竹子,不但画出了神韵,更能画出竹子的生气,同时还融入了自己的思想感情,其意境之美妙,令人回味无穷。他的画,配上他的诗文、书法以及印章,形成了与众不同的绘画艺术,开启了一代画风,对后世有着巨大的影响。

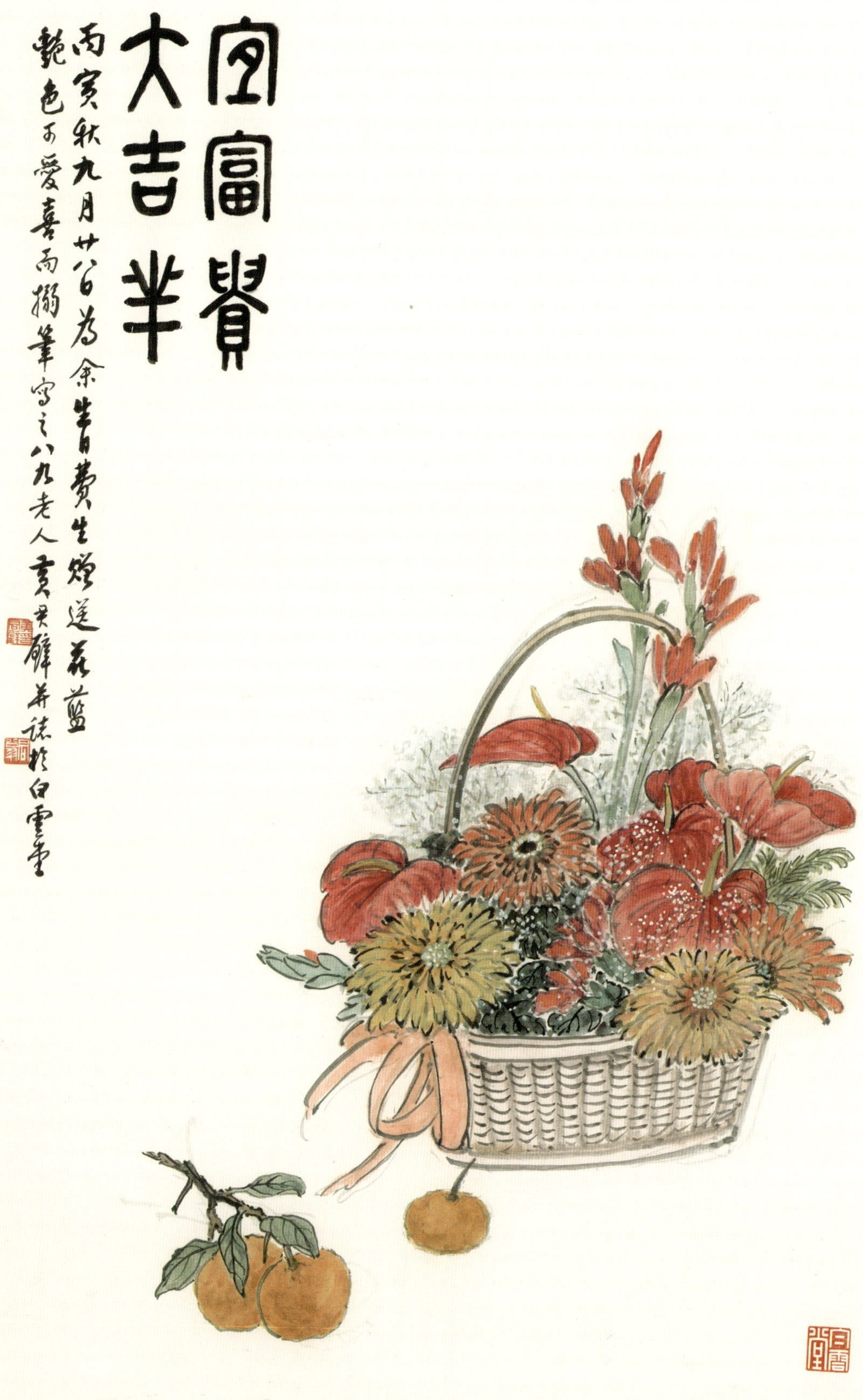

向富貴 大吉羊

丙寅秋九月廿日為余曾費生贈送花籃
艷色可愛喜而搁筆寫之八九老人
賣果僻并誌於白雲堂

## 第四节　西皮二黄

戏曲作为名扬世界的中华国粹，具有鲜明的中国特色。它经历了数千年的发展和嬗变，先秦的歌舞古优、汉百戏、唐弄参军、宋杂剧、元杂剧、明清传奇……每一种新的戏曲形式的产生都是一种进步，是历代人民智慧的结晶，是中华民族弥足珍贵的精神财富。与几千年的戏曲文化一脉相承，京剧诞生并成长于北京，其五颜六色的脸谱、精致华美的行头、美不胜收的表演程式、各有千秋的名家名角以及丰富多彩的经典剧目，可以说，京剧是中国戏剧艺术千年发展史的缩影，也是中国戏剧文化的集大成者。

### 一　京剧

京剧，又称"皮黄"，是由"西皮"和"二黄"两种基本腔调组成其音乐素材。它1840年前后形成于北京，盛行于20世纪三四十年代。京剧是近代中国戏曲的代表，中国人把京剧视为"国剧"，国际上也将京剧看作是中国文化的代表之一，称之为"Peking opera" "东方歌剧"。

### 二　京剧的诞生

清初，"天子脚下"北京城内的戏曲舞台上盛行昆曲与京腔。乾隆中叶后，昆曲渐而衰落，京腔的兴盛取代了昆曲一统京城舞台的局面。京剧是四大徽班进京后与北京剧坛的昆曲、汉剧、弋阳、乱弹等剧种经过五六十年的融汇、演变而成的。

## （一）三庆班进京

清乾隆四十五年，秦腔艺人魏长生由川进京，演出秦腔《滚楼》《背娃进府》等剧。魏长生扮相俊美，嗓音甜润，唱腔委婉，一经登台即轰动整个京城。他搭班演出的双庆班因此被誉为"京都第一"，秦腔班也自此开始兴盛一时。但到了乾隆五十年（1785），清廷以魏长生的表演有伤风化为由，明令禁止秦腔在京城演出，将魏长生逐出京城。

清乾隆五十五年，正值乾隆皇帝的八十大寿，宫廷上下忙着筹备一场盛宴，而戏曲则是这场盛宴的重中之重。因为乾隆喜欢听戏，尤其偏爱江南的戏曲，据说他每次南下巡视，都要请江南的各大戏班到场演出。万般挑选后，决定由扬州的徽州籍大盐商江鹤亭组织的、以著名戏曲艺人高朗亭为台柱的"三庆班"进京参加祝寿演出。徽班是徽人的戏班，除了演唱徽戏（二黄、吹腔、拨子）外，也演唱昆腔、梆子以及其他的杂腔，因此徽班并不完全等于徽戏。

据记载，当时北京的祝寿演出规模十分盛大，在繁华街区，

每隔百步就设有一个戏台,弦歌高唱,鼓乐阵阵,南腔北调,群戏荟萃,吸引了众多的观众。在这场群芳争艳的大舞台上,第一次进京的三庆班崭露头角,非常引人瞩目。徽戏优美的曲调、通俗易懂的剧本以及新颖而贴近百姓生活的演出,不仅使得乾隆皇帝大为赞赏,也赢得了北京老百姓的心。当时的高朗亭,年仅16岁,他技艺精湛,以男子之身饰演旦角,一举一动,一颦一笑如同女子,韵味十足。观众对他的表演大加赞赏,三庆班也因此大出风头。三庆班在紫禁城"火"了,一举开辟了"徽主沉浮"的新时期,从此徽班稳坐"京都第一"的宝座。至嘉庆初年,徽班在北京戏曲舞台上已取得主导地位。

### (二)四大徽班进京

三庆班在北京大获成功之后,其他徽班也相继进入北京,在大栅栏地区落脚演出。其中以三庆、四喜、和春、春台四家名声最盛,故有"四大徽班"之称。"四大徽班"的演出剧目、表演风格,各有所长,当时有"三庆的轴子、四喜的曲子、和春的把子、春台的孩子"这种说法。"三庆的轴子"意思是说,三庆班擅长演有头有尾的整本大戏;"四喜的曲子"意思是说,四喜班擅演昆腔剧目;"和春的把子"是说,和春班的武戏最受欢迎;"春台的孩子"意思是说,春台班的演员以青少年为主。

徽班为什么能够在多种戏剧中脱颖而出呢?究其原因,在声腔方面,四大徽班除演唱徽调外,昆腔、吹腔、四平调、梆子腔亦用,可谓诸腔并奏。在演出剧目方面,徽班所演的剧目题材广泛,形式多样,情节动人;在表演艺术风格上,纯朴真切,行当齐全,阵容齐整,因此颇受京城观众的欢迎。

当时京城里聚集的各声腔剧中的艺人,面对徽班无所不能、无所不精的艺术优势,深觉无力与之竞争,于是多半都转而归附徽班。秦腔艺人为了生计,也纷纷搭入徽班,形成了徽、秦两腔融合的局面。在徽、秦合流过程中,徽班广泛吸取秦腔的演唱、表演的精华和大量的剧本移植，为京剧的形成创造了有利条件。

四大徽班进京献艺，缔造了中国戏曲史上的一次辉煌，拉开了中国京剧不断向前发展的序幕。

### （三）徽汉合流

道光年间，随着湖北的汉调入京，又引起了北京戏曲界内的一次新的革新。汉剧流行于湖北，其声腔中的二黄、西皮与徽戏有着传承关系。徽汉二剧在进京前已有广泛的艺术交融。汉调演员进京后大多搭徽班演出，有的还成为徽班的主演。汉剧演员搭入徽班后，将声腔曲调、表演技能、演出剧目融于徽戏之中，使徽戏更容易让北京的老百姓接受。至道光二十五年（1845），各大名班均为老生担任领班。徽、秦、汉的合流，为京剧的诞生奠定了基础。

### （四）京剧诞生

道光二十年至咸丰十年间（1840—1860），经徽戏、秦腔、汉调合流，并借鉴吸收昆曲、京腔之长，京剧正式诞生。

程长庚、余三胜、张二奎为京剧形成初期的代表，时称"老生三杰"。他们都是第一代老生京剧演员，是京剧艺术的奠基者，在京剧的形成过程中起到了非常重要的作用。他们三个人各有自己的"独门绝活"，在演唱及表演风格上各具特色，又由于他们籍贯各异，在唱念上各带乡音，有挥之不去的地方色彩，因此他们长期的艺术实践形成了不同的流派——"徽、汉、京"三派成为京剧历史上最早的艺术流派，而此三人就是开山鼻祖，京剧的流派之分亦始于此。

四大徽班各有特色，各专一长，雄踞北京剧坛近百年，也正好形成了京剧艺术产生、成长的温床，拉开了京剧发展的序幕。然而随着时间的推移，四大徽班也几易台柱，在其他剧种的冲击下，四大徽班开始面临解散的危局。影响最大，资格最老的三庆班在演出了整整100年后，于光绪十六年（1890）解散；四喜班在光绪中期解散；春台班于光绪二十六年（1900）解散，在四大徽班中存续时间最长；春班至同治初年解散，存续了60年左右。徽班以进京祝寿开启了他们在京城的艺术之旅，最后也在京谢幕。徽班的历史虽然结束了，而脱胎于徽班的京剧最终成为享誉世界的艺术瑰宝。

## 三　臻于完美的京剧艺术

### （一）角色分明的生旦净丑

京剧的角色有着非常明确的分工。根据性别、性格、年龄、职业及社会地位的不同，角色被划分为生、旦、净、丑四种类型。这在京剧里称作"行当"。

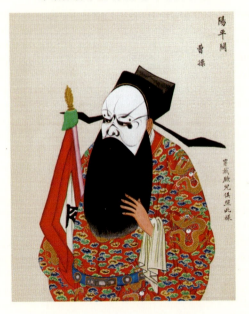

曹操像
净角

艺术来源于生活，行当的划分也是如此。现实生活中有男性和女性的分别，京剧中就相应地分为生行与旦行；男性和女性都有文、武、老、幼的区别，京剧的生行就分为小生、老生和武生，旦行就分为闺门旦、花旦、青衣、老旦、武旦和刀马旦等等；有的人粗犷豪放，有的人机巧滑稽，京剧中的男性就在生行之外又划分出了净行和丑行。

比如《白蛇传》里的许仙就是文小生，他头上戴着鸭尾巾，穿着青色衣衫，一看就是门第贫寒的书生。

《钟馗嫁妹》里的钟馗，考中了进士，但却因丑陋而长期被除名。钟馗一怒之下触柱身亡,死后受封驱魔大帝,因感念同窗杜平扶柩还乡之恩,钟馗送妹妹到杜家成就姻缘。京剧中的钟馗属于二花脸,既丑陋又可爱,是戏曲装扮里较为特殊的一例。

钟馗脸谱

### (二)别具一格的表演程序

京剧最显著的特点之一就是它的程序性。在京剧舞台上,角色、化妆和动作都有套固定的规范,遵循这种规范,才能完整地把一出戏表现出来。京剧的表演技巧可以概括为"唱""念""做""打"。"念",指的是音乐性念白;"唱"指的是唱功;"做"指的是"表演";"打"指的是武功。具体的表演技巧可体现为角色的分配和扮演、唱腔和念白的安排、嬉笑怒骂的方式,以及开门关门、骑马、登舟、开打等表演动作的完成。剧中人物的心理活动、性格以及剧中虚拟场景和故事的展开,都要通过这些技巧表现,它们组合在一起才能给观众呈现出一场场精彩生动的表演。

在京剧艺术中,每个行当都需要掌握一定的基本功夫,比如老生的髯口功、旦角的手帕功、小生的扇子功,以及各行当都要掌握的水袖功等。

比如《打金砖》里,汉光武帝刘秀表演的甩发功,只见他从高桌上一下子翻下,接连做甩发、吊毛等高难度动作,但做这些动作时十分讲究且有条不紊,比如甩发时急徐有致、刚柔相济、干净利索,而且还要保持甩发后一丝不乱。

再如京剧《杨门女将》中的水袖功。穆桂英在得知丈夫杨宗保为国捐躯的噩耗后,她悲恸不已,决心继承夫君的遗志,抗击侵略者。表演时演员就得有一个猛然转身、双手用力抖袖的动作,随即再昂首跨步、铿锵有力地唱出"禀太君即刻发兵点将"这句唱词。

这抖水袖技巧的运用,就非常真切地展现出穆桂英的刚毅。

### (三)绚丽多彩的表现形式

京剧带给人绚丽多彩的艺术享受。那五光十色、形态生动的脸谱,那精致华美、色彩艳丽的服饰,无不令人目眩神迷,为之感叹。这种华灿至极的艺术表现形式是京剧所独有的,也体现了中国人独特的艺术创作才华。

其中,京剧脸谱是京剧中最有特色的艺术。京剧脸谱与京剧表演艺术一样,是和演员一起出现在舞台上的活的艺术,也

是一种写意和夸张的艺术。比如脸谱红色代表忠勇侠义;黑色表示铁面无私、刚烈直爽;白色表示阴险奸诈;蓝色表示粗犷骁勇、桀骜不驯。像京剧《秦香莲》里的包公,能日审阳间,夜审阴间,为了表现他刚正不阿、正义凛然的性格特征,就以黑脸形象出现。

京剧行头是京剧演出人物所穿服装的总称。京剧人物服饰的程序有一个铁的原则——宁穿破勿穿错。一旦穿错了,角色的程式化也就错了,这出戏也就成了一出滑稽戏。所以,这样的穿用原则,不但使观众一看服装就能够对人物的基本面貌一目了然,而且也可以把观众的注意力放到具体的剧情和艺术表现上。

### (四)百花齐放,流派纷呈

流派纷呈、各具特色是京剧的一大特征,正是这些异彩纷呈的流派,赋予了京剧持久鲜活的生命力。京剧流派都是以开创演员的

姓氏命名，如程长庚的程派、梅兰芳的梅派、荀慧生的荀派、马连良的马派等，他们在艺术上形成了与众不同的表演风格，创造出了独具特色的艺术形象，从而为观众所牢记。其中"四大名旦"之首的梅兰芳，更是名满中外。

梅兰芳（1894—1961），祖籍江苏泰州，生于北京的一个梨园世家，8岁学戏，11岁登台。在50多年的舞台实践中，梅兰芳精心钻研，勇于革新，创作了大量的优秀剧目，极大推动了京剧旦角的表演水平。

作为大师的梅兰芳，有一双含情百转、魅力迷人的眼睛。但谁能想到，梅兰芳小时侯学戏的条件和天赋都不好，特别是他的眼睛细小而无神，接受能力也较差，以致于老师认为他根本不是学戏的料，将来也很难成材。但是，梅兰芳并不灰心，而是更加勤学苦练。他为了练出一双有神采的眼睛，每日放飞鸽群，用眼追踪瞭望。日久天长，经年不辍，他的双眼终于练得明亮有神、灵活生动。

梅兰芳

梅兰芳从善如流，对艺术精益求精，绝不故步自封。他和文化名人齐如山相识的故事就很能说明问题。齐如山是喝过洋墨水的文化人，对京剧有着较高的鉴赏力。有一次，他去观看谭鑫培与梅兰芳合作的生旦对戏《汾河湾》，当看到柳迎春进窑之后，梅兰芳按传统的演法，背转身去，任凭薛平贵在窑外如何述说，他依然木然闲坐，没有任何反应。散戏后，齐如山写了一封信给梅兰芳，向他提出了不同意见。可当他再次观看表演时，他竟欣喜地发现，梅兰芳的表演在相关处有了显著的变化，后来两人成了知交。

《贵妃醉酒》原来是一出汉调老戏，说的是杨贵妃因皇帝移情，冷落凄苦而至酒醉。原来戏的格调并不高。梅兰芳潜心琢磨，将其净化升华，以花衫的形象定位，塑造了一个全新的杨贵妃形

象。贵妃的雍容华贵和特定情境下的醉态可掬的形象，成了花衫行当的经典之作。比如有个酒后嗅花的动作，很好地传递出了醉美人的娇媚之态。然而传统的动作却不是这样，只是左右两个"卧鱼"，为的是突出演员的腰功，实为炫技而做。这个改进源于梅兰芳在现实生活中一个偶然的闻花动作，这个动作让他灵机一动，于是一个经典、优美的动作诞生了。

梅兰芳被誉为中国近代杰出的京昆旦行表演艺术家，同时梅兰芳也是使京剧走出国门的先行者，是享有国际盛誉的表演艺术大师，其表演被推为"世界三大表演体系"之一。

### （五）脍炙人口的经典剧目

京剧的剧目丰富，众多的优秀剧目一直为人们所喜爱，其中的经典剧目更是数百年来盛演不绝。

1.《霸王别姬》

京剧《霸王别姬》是艺术大师梅兰芳表演的经典名剧之一。自20世纪20年代排演成剧，至今已近100年之久。

剧中描写了西楚霸王项羽兵败刘邦、与爱妃虞姬生离死别的故事。当时，汉王刘邦与西楚霸王项羽共争天下。项羽因刚愎自用在与刘邦军队的对阵中节节败退，最终被汉军十面埋伏于垓下。到了夜里，刘邦令军队齐唱楚地歌声，楚军听后因思乡落泪而军心溃散，纷纷投降汉军。

一代枭雄项羽明白自己大势已去，失败已成定局。项羽回到帐中，与一直陪伴自己征战的妃子虞姬作别，不免英雄气短，儿女情长。聪明美丽而又刚烈的虞姬明白眼前的形势，为了安慰项羽，更为了不成为他的拖累，虞姬为项羽准备了丰盛的酒宴，并表演了精美的剑舞，最后拔剑自尽。

梅兰芳生前为了使《霸王别姬》取得更好的艺术效果，他倾注了大量心血，在唱腔、舞蹈、服装和舞台灯光设计等方面不断创新，使其成为国内外广大观众百看不厌的好戏。

剧中一段别致的剑舞，是梅兰芳在京剧舞蹈动作的基础上编排而成的，充分体现了虞姬舞剑时含而不露、怨而不恨的悲痛情感，以及与项羽诀别时的惨烈，因而产生了强烈的艺术感染力。

2.《贵妃醉酒》

《贵妃醉酒》讲的是唐玄宗的宠妃杨玉环一时失宠而借酒浇愁的故事。故事要先从梅妃说起。太监高力士从民间征选到美女江采萍，她才貌双全，深得唐明皇喜欢。江采萍钟情于梅花，唐明皇就在后宫为她建起了一座梅园，赐她为梅妃。但没过多久，唐明皇见儿子寿王的妃子杨玉环美艳绝伦，天生丽质，千娇百媚，当即封她为自己的贵妃，对她宠爱有加，从此君王不早朝。

一天夜晚，杨玉环在百花亭摆下酒宴等候皇上，而唐明皇却因为疏远梅妃多时而宿于梅园。杨玉环想到皇上的心中还有别的女人，不禁心中酸楚，无限的哀怨难以排遣。她自斟自饮，借酒浇愁，渐渐不胜酒力，醉态十足。在一旁侍候的高力士察颜观色，小心劝慰。直到月落时分，满腔哀怨的杨玉环才被搀扶着回到自己的住所。

《贵妃醉酒》的故事情节非常简单，但经过梅兰芳的加工，使这个戏的音乐表演、舞台技艺都达到了出神入化的境地。

3.《宇宙锋》

《宇宙锋》是中国戏曲的传统剧目。

秦朝时，昏君秦二世重用奸臣赵高，政治十分黑暗。一次，赵高指鹿为马，以打探群臣们的心思。畏于赵高的狠毒，众人都沉默不言，只有忠诚而耿直的大臣匡洪当场戳穿了他的谎言。

怀恨在心的赵高派人到匡洪家里盗走了皇上钦赐的宝剑"宇宙锋"，并将宝剑丢入皇宫，给匡洪扣上了刺杀君王的罪名。秦二世大怒，下旨将匡家满门抄斩。匡洪的儿媳赵艳蓉因是赵高的爱女，所以免于灾难，被接回赵府，但终日闷闷不乐。

有一次，秦二世到赵家，见到赵艳蓉后，被她的美貌所吸引。赵高不顾女儿坚决反对，决定第二天送她入宫。深夜，赵艳蓉故意装疯卖傻，她撕破了自己的衣衫、披头散发地冲到父亲面前胡言乱语，指天骂地。赵高只好告诉皇上爱女已疯。秦二世不信，一定要亲眼看见。第二天，赵艳蓉踏上宝殿，当着众人的面继续装疯。她大骂昏君荒淫无道，痛责赵高寡廉鲜耻。好色的秦二世自讨没趣，只得草草收场。

《宇宙锋》是梅兰芳的代表作之一，其优美动听的梅腔是该剧的第一欣赏点，其次就是表演的力度。因为装疯不等于真疯，难就难在一个"装"字。梅兰芳分别使用了"悲""恨""惊""静""喜"五种眼神，并在动作上增加了许多装疯的舞蹈姿态，大大提高了艺术表现力，把赵女起伏变化的情绪表现得淋漓尽致。

4.《赵氏孤儿》

春秋时期，晋国大夫赵盾受权臣屠岸贾陷害，被满门抄斩。

当时已怀有身孕的赵家儿媳庄姬公主被送回内宫居住。几个月以后，她生下一个男婴，取名赵武。屠岸贾得知后，意欲加害这个婴儿。乡间医生程婴是赵家的至交，他借机入宫后，把赵武放进药箱准备带出，结果被守将韩厥发现。韩厥一时心软，放走了程婴和赵武，自己拔剑自刎。屠岸贾气急败坏，宣布要把全国半岁以内的婴儿全部杀光。

为了保全赵氏孤儿和晋国所有无辜的婴儿，程婴献出了自己的亲生儿子，公孙臼老人则打算顶替他救孤藏孤的罪名。屠岸贾听了程婴的举报后，杀死了公孙臼和假的"赵氏孤儿"。

晋国上下无不切齿痛骂程婴卖友求荣。程婴则默默地承受着这一切。十几年后，赵武在程婴的苦心培养下，成长为一个文武双全的青年，他最后手刃屠岸贾，报了这血海深仇。

这是一出由马连良、谭富英、张君秋、裘盛戎创作并演出的经典剧目，尤其能体现马派的艺术特色。

5.《将相和》

战国时期，秦国最为强盛，而赵国弱小。秦王听说赵国有一件无价之宝"和氏璧"，很想占为已有，便以15座城池作为交换。出身低微的谋士蔺相如携"和氏璧"出使秦国，他见秦王没有诚意，便凛然大义责备秦王，并且完璧归赵。

后来，秦王又在渑池设宴邀请赵王赴会，赵王携蔺相如随行。在席上，秦王让赵王为他弹瑟，借此侮辱赵王，蔺相如机智应对，反让秦王下不来台，自取其辱。赵国大将廉颇随后接应，赵王君臣安然无恙。

蔺相如连立大功，赵王因此封他为首相。这让功勋累累的老将军廉颇心中十分不快，便屡次寻衅并当众羞辱他。蔺相如多次退让躲避，不与他计较。廉颇以为蔺相如心虚，更加骄狂。蔺相如托友人劝说廉颇，请求他以大局为重，因为秦国随时威胁着赵国，将相不和会影响国家的安定。廉颇既感动又惭愧，于是来到蔺相如门前负荆请罪，两人从此结为生死之交，共保赵国。

这出剧由著名戏曲学家翁偶虹、王颉竹改编而成，其剧情情节生动，生角和净角兼重。谭富英、马连良、裘盛戎、李少春、袁世海等都演出过该剧，在唱、做上各具特色。

总之，京剧是中国的国剧，也是中国人的骄傲。当越来越多的国际友人对京剧产生了浓厚的兴趣，当京剧艺术也越来越多地走上海外舞台，京剧就成了中国文化的一种象征，一个异常鲜明的符号。

# 参考文献

安作璋，桑弘羊[M]. 中华书局，1983.
白寿彝，中国交通史[M]. 上海书店，1984.
曹础基，庄子浅注[M]. 中华书局，1982.
巢元方，诸病源候论[M]. 华夏出版社，2008.
陈楠，中华养生全书[M]. 九州图书出版社，1999.
陈廷一，屠呦呦与诺贝尔奖[N]. 北京日报，2016年4月12日.
程大力，中华武术——历史与文化[M]. 四川大学出版社，1995.
程雪莉，故国中山[M]. 花山文艺出版社，2009.
崔伟，京剧[M]. 北京：中国文联出版社，2008.
杜石然编著，中国科学技术史稿[M]. 科学出版社，1982.
房仲甫，李二和，海上七千年[M]. 新华出版社，2003.
房仲甫，李二和，中国水运史[M]. 新华出版社，2003.
冯绍霆，四大发明[M]. 中华书局/上海古籍出版社，2010.
傅瑾，中国戏剧[M]. 北京：五洲传播出版社，2010.
高德步，中国经济简史[M]. 首都经济贸易大学出版社，2013.
高敏，中国经济通史[M]. 经济日报出版社，1998.
高奇等编著，走进中国科技殿堂[M]. 山东大学出版社，2008.
高新，京剧文化[M]. 山东大学出版社，2013.
顾伟列，中国文化通论[M]. 华东师范大学出版社，2005.
关永礼编著，中国功夫[M]. 百花洲文艺出版社，2009.
郭梅编著，图说中国戏曲[M]. 吉林人民出版社，2009.
郭小武，汉字史话[M]. 社会科学文献出版社，2012.
国家体委武术研究院，中国武术史[M]. 人民体育出版社，2003.
韩鉴堂，汉字文化图说[M]. 北京语言大学出版社，2005.

韩鉴堂，中国汉字[M]. 五洲传播出版社，2009.

胡寄窗，中国经济思想史[M]. 上海人民出版社，1981.

胡兆量等，中国经济通史[M]. 经济日报出版社，1998.

华博编著，中国世界武术[M]. 北京：时事出版社，2007.

吉军编著，中华养生[M]. 百花洲文艺出版社，2009.

暨南大学《武术》编写组，武术[M]. 暨南大学出版社，2013.

简洁编著，中国陶器[M]. 时代出版传媒股份有限公司／黄山书社，2013.

江太新，苏金玉，漕运史话[M]. 社会科学文献出版社，2011.

金元浦，中国文化概论[M]. 中国人民大学出版社，2007.

康戈武，中国武术实用大全[M]. 今日中国出版社，1990.

冷鹏飞，中国古代社会商品经济形态研究[M]. 中华书局，2002.

李德祥编著，中华武术[M]. 上海交通大学出版社，2006.

李建中，中国文化概论[M]. 武汉大学出版社，2014.

李经纬，林昭庚，中国医学通史[M]. 人民卫生出版社，2000.

李泉，运河文化[M]. 山东大学出版社，2013.

李映发，智慧灵光：中国古代科技纵横谈[M]. 科学出版社，2010.

李玉超，宋杰，高强国，青蒿素及其衍生物抗肿瘤分子机制的研究进展[J]. 中国药房，2015，12：1726–1728.

李约瑟，中国科学技术史·第五卷·化学及相关技术·第七分册·军事技术·火药的史诗[M]. 科学出版社／上海古籍出版社，2005.

李泽厚，刘纲纪，中国美学史[M]. 中国社会科学出版社，1990.

李知宴，中国古代陶瓷[M]. 商务印书馆，2007.

李智舜，中华经济五千年[M]. 内蒙古人民出版社，2002.

李中华，中国文化概论[M]. 华文出版社，1994.

李宗桂，中国文化概论[M]. 中山大学出版社，1988.

廖才高，汉字的过去与未来[M]. 湖南大学出版社，2005.

林成滔，字里乾坤[M]. 中国档案出版社，1998.

刘广生主编，中国古代邮驿史[M]. 人民邮电出版社，1986.

刘行光编著，瓷器[M]. 西南师范大学出版社，2015.

刘俊骧，武术文化与修身[M]. 北京：中央翻译出版社，2008.

刘睿铭，汉字的历程[M].江西高校出版社，2009.

刘森林，大运河环境人居历史[M].上海大学出版社，2015.

刘旭，中国古代火药火器史[M].大象出版社，2004.

柳毅，中国印刷术[M].科学普及出版社，1987.

卢嘉锡主编，中国科学技术史[M].科学出版社，1998.

罗时铭，养生史话[M].社会科学文献出版社，2012.

马铁汉，于文清编著，京剧的魅力[M].百花洲文艺出版社，2012.

莫丽芸编著，京剧[M].黄山书社，2011.

牟作武，中国古文字的起源[M].上海人民出版社，2000.

潘吉星，中国古代四大发明源流、外传及世界影响[M].中国科技大学出版社，2002.

漆侠，乔幼梅，中国经济通史[M].经济日报出版社，1998.

齐涛，中国古代经济史[M].山东大学出版社，2011.

钱存训，中国古代书籍纸墨及印刷术[M].北京图书馆出版社，2002.

钱穆，中国文化史导论[M].商务印书馆，1998.

乔凤杰，文化符号：武术[M].社会科学文献出版社，2014.

乔凤杰，中华武术与传统文化[M].社会科学文献出版社，2006.

任海，中国古代武术[M].商务印书馆，2007.

商聚德，刘荣兴，李振纲，中国传统文化导论[M].河北大学出版社，2012.

沈寿，导引养生图说[M].人民体育出版社，1992.

司马迁，史记·五帝本纪·货殖列传和平准书[M].中华书局，1982.

苏培庆，郑民，崔华良，中医养生文化基础[M].中国中医药出版社，2015.

孙思邈，备急千金要方[M].陕西科技出版社，2010.

陶一桃，中国古代经济思想评述[M].中国经济出版社，2000.

屠呦呦，青蒿及青蒿素类药物[M].化学工业出版社，2009.

王宝珍，汉字与中国文化[M].首都经济贸易大学出版社，2011.

王崇焕，中国古代交通[M].商务印书馆，1996.

王岗，中国武术文化要义[M].山西科学技术出版社，2009.

王广西，中国功夫[M].海天出版社，2006.

王慧编著，中国古代科学[M].时代出版传媒股份有限公司／黄山书社，2013.

王锦贵，中国文化史简编[M].北京大学出版社，2004.

王蒙，铁凝主编，河北读本[M]. 花山文艺出版社，2006.

王维主编，黄帝内经[M]. 线装书局，2005.

王学峰，刘文峰，中国戏剧[M]. 古吴轩出版社，2010.

王烨编著，中国古代戏剧[M]. 中国商业出版社，2015.

王亦儒，古代交通[M]. 黄山书社，2013.

王玉川，刘占文，袁立人，中医养生学[M]. 上海科学技术出版社，1992.

王悦欣，汉字审美与文化传播[M]. 人民出版社，2015.

王震元，抗击疟疾——从金鸡纳霜到青蒿素[J]. 科学24小时，2013，02：24-26.

王子今，邮传万里——驿站与邮递[M]. 长春出版社，2004.

魏胜敏，中国传统导引养生术的方法论特征及其当代价值[M]. 河北科学技术出版社，2013.

温力，中国武术概论[M]. 人民体育出版社，2005.

吴钢，京剧知识[M]. 科学出版社，2015.

吴国盛，科学的历程[M]. 北京大学出版社，2002.

吴慧，桑弘羊研究[M]. 齐鲁书社，1981.

武占江，中国文化概论[M]. 河北教育出版社，2007.

夏兰编著，中国戏曲文化[M]. 时事出版社，2007.

徐城北，中国京剧[M]. 五洲传播出版社，2010.

徐暮云，中国戏剧史[M]. 湖南大学出版社，2014.

徐潜，张克，崔博华编，中国古代水路交通[M]. 吉林文史出版社，2014.

许慎，说文解字[M]. 黄山出版社，1996.

杨宽，中国古代冶铁技术发展史[M]. 世纪出版集团，2014.

杨生民，中国春秋战国经济史[M]. 人民出版社，1994.

叶世昌，中国经济史学论集[M]. 商务印书馆，2008.

于志钧，中国传统武术史[M]. 中国人民大学出版社，2006.

余水清编著，中国武术史概要[M]. 湖北科学技术出版社，2006.

袁行霈，严文明，张传玺等，中华文明史[M]. 北京大学出版社，2006.

臧嵘，中国古代驿站与邮传[M]. 商务印书馆，2007.

张从军主编，大汶口文化[M]. 山东美术出版社，2013.

张从军主编，龙山文化[M]. 山东美术出版社，2013.

张岱年，方克立，中国文化概论[M].北京师范大学出版社，2004.

张广德，张广德导引养生系列丛书·养生文化篇[M].北京体育大学出版社，2014.

张龙君主编，中医与养生[M].浙江大学出版社，2012.

张秀丽编著，京剧[M].吉林出版集团有限责任公司，2013.

张训毅，中国的钢铁[M].冶金工业出版社，2012.

张一农，分配·交换·管理史论[M].河北人民出版社，2012.

郑游主编，中国邮驿与邮政[M].人民出版社，1988.

钟海明，马若愚，中华武道概论[M].北京：中国民主法制出版社，2009.

周道生，中国文化概论[M].中南工业大学出版社，1999.

周日新，交通纵横[M].河北少年儿童出版社，1999.

朱泽民，养生与健康[M].东南大学出版社，2009.

宗白华，美学散步[M].安徽教育出版社，2000.

邹丽娜，中国瓷文化[M].时事出版社，2012.